동유럽의 민족 분쟁

보스니아·코소보·마케도니아

차례
Contents

03 들어가며 06 동유럽 민족 분쟁의 기원 13 보스니아 민족 분쟁
38 코소보에서 일어난 비극 63 마케도니아 민족 분쟁

들어가며

 1989년 11월, 사회주의 체제의 견고함을 상징하던 베를린 장벽 붕괴와 뒤이은 사회주의 체제의 몰락은 유럽 현대사에 일대 전환점이 되었다. 사회주의 체제의 버팀목으로 자부해 오던 소연방의 해체는 동유럽에서 민주화에 대한 거센 요구를 일으켰다. 하지만 동유럽에서 사회주의 체제의 잔재 청산과 제거, 그리고 민주주의 체제의 수립은 그리 순탄치 않았다. 불완전한 과거 청산, 민주주의에 대한 교육 부족, 미성숙한 정치 문화로 동유럽의 민주주의 도입은 곧바로 민중들의 다양한 권리 요구와 극단적 민족주의 정당들의 출현을 낳았다.

 이것은 무엇보다도 오랫동안 시행착오를 겪으며 이룩한 서유럽의 민주주의가 단순히 제도의 개선과 도입만으로 동유럽에 정착하기는 어려웠기 때문이다. 이와 더불어 사회주의 체제의 몰락에 따라 여러 사회보장제도들이 줄어들거나 사라지고, 대신 자본주의의 여러 제도들이 특별한 여과 과정 없이 파급된 데 따른 사회적 혼란 때문이기도 하다. 실제로 새로운 사회 안전보장 시스템을 구축하지 못한 채 자본주의 경제 체제를 도입하면서, 동유럽의 기업들은 심각한 구조조정에 직면했고, 그 결과 많은 실업자가 발생했다. 그리고 이에 따른 정신적 혼란과 문화적 충격 그리고 경제적 어려움은 매우 컸다.

하지만 동유럽 민중들을 더욱 힘들게 한 것은, 사회주의 체제 아래에서 오랫동안 숨죽여 있던 민족주의에 대한 열기와 그 표출이었다. 1989년 11월에 베를린 장벽이 붕괴된 이후, 거의 모든 동유럽 지역에서는 정치적 권리를 요구하는 시위와 민족주의를 표방하는 이슈들이 계속해서 터져 나왔다. 하지만 이를 통제할 수단과 중재할 집단이 없는 가운데, 상당수의 정치 지도자들은 이들의 주장에 편승해 새로운 정치 세력을 구축하려고 했다. 그 결과, 동유럽에서는 여러 민족주의 정당들이 출현하고 민족 갈등이 발생한다. 이들 가운데 특히 민족 분쟁이 첨예하게 일어난 지역들로 과거 사회주의 유고슬라비아 지역[1])에 속한 보스니아-헤르체고비나, 코소보 그리고 마케도니아 지역을 들 수 있다. 그리고 이들 지역에서 발생한 민족 분쟁들은 과거처럼 단순히 지엽적이지 않고, 미국과 NATO 등 국제사회가 개입하는 양상을 띠었다. 동유럽의 민족 분쟁은 이제 국제 열강들의 역학 구도에 중요 변수가 된 것이다.

이 글에서는 동유럽 민족 분쟁, 그 중에서도 현재까지 국제 사회의 주요 관심 대상인 민족 분쟁들을 골라 그 지역들의 일반적 개관과 역사, 민족 분쟁의 배경과 전개 과정 그리고 그 의미를 살펴보고자 한다. 이 책은 그 동안 국내·외에서 출간한 졸저들과 학술 논문, 베오그라드Beograd 국립대, 세르비아 과학예술아카데미(SANU), 보스니아 과학예술아카데미(BANU), 유고슬라비아 현대사 연구소(Institut za Savremene Istorije Jugoslavije) 등의 해외 현지 학자들과 한 인터뷰를 토대로 글을 구성했음을 밝힌다.

동유럽 민족 분쟁의 기원

　동유럽 민족 분쟁은 그 기원과 양상에 있어 다음과 같은 몇 가지 공통점을 지니고 있다. 첫째, 비록 국지적 분쟁으로 시작했지만, 갈등과 분쟁이 확대됨에 따라 여러 강대국들의 개입을 낳았고, 이후 국제 질서를 바꾸는 중요한 국제적 분쟁들로 발전해 갔다는 점이다. 둘째, 강대국들의 개입으로 표면상 분쟁의 수위가 낮아지고 진정된 모습이지만, 21세기에 발생한 여러 차례의 분쟁 재발 사례들에 비추어 볼 때, 아직까지도 분쟁의 해결 전망이 그리 밝지만은 않다는 점이다. 셋째, 오랜 역사를 갖고 있는 동유럽의 민족 분쟁들이 베를린 장벽 붕괴와 사회주의 체제의 몰락 시점인 20세기 말에 다시 한 번 한꺼번에 표출되었다는 점이다. 그 이유는 무엇보다도 사회주의를 대체할 민주주의 이념이 채 정착되기 전에, 과거의 노멘클라투라Nomenkulatura 계층이 민족주의자로 변신해 민중들의 정서에 호소력이 강한 민족주의를 대체 이념으로 급속히 전파시킨 결과라고 볼 수 있다. 마지막으로 사회주의의 대체 이념으로 등장한 민족주의가 다분히 문화적 요소, 즉 종교, 언어, 혈통, 관습, 역사적 공유 등에 기초해 상대를 구분하는 '문화적 민족주의(Cultural Nationalism)' 성향을 띤다는 점이다. 그리고 이러한 문화적 민족주의 성향은 동유럽 민족들이 지니는 일련의 공통된 양상과도 맞닿아 있다.

문화적 민족주의

그렇다면 '문화적 민족주의'란 무엇인가? 이 질문에 대한 궁금증과 그 답을 찾아가는 여정은 동유럽의 민족 분쟁을 정확히 이해하기 위한 하나의 디딤돌 역할을 할 것이다. 동유럽 민족주의의 특징이라 할 수 있는 문화적 민족주의를 분석하기 위해서는, 우선 '민족(Nation) 또는 민족주의(Nationalism)란 무엇인가?'에 대한 개념 정의와 '서유럽과 동유럽의 민족주의의 특징' 분석을 전제로 해야 한다. 민족 또는 민족주의에 대해선 20세기 초 이후로 수많은 연구가 이루어져 왔다. 하지만 이러한 연구에도, 현재까지 '민족' 혹은 '민족주의'로 발생한 문제를 해결하는 데 뚜렷한 해답이 없는 것 또한 현실이다. 이것은 민족주의의 실체를 이루는 민족의 내용이 다양하고, 개념이

다의적인 관계로 민족 혹은 민족주의에 대해 일률적인 정의를 내리기 어렵기 때문이다.

'민족'이라는 단어의 기원은 라틴어 'natio(이방인 집단)'에서 출발한다. 민족주의라는 개념이 본격적으로 등장하기 이전, '민족'은 단순히 사회의 한 일부를 지칭하는 '무리(rabble)'나 '평민(pleb)'이라는 의미로 사용되다가 16세기 영국에서 국가의 대중에게 적용되었고, 이후 '주민(people)'이라는 단어와 유사하게 되었다. 하지만 점차 민족이란 용어에는 '주권을 가진 주민(a sovereign people)'이란 뜻이 더해져, 이후 정치적, 지리적, 인종적 특질에 따라 좀 더 세분화된 '그들만의 주권을 가진 주민(a uniqe sovereign people)'을 암시하게 되었다. 즉 '민족'이란 개념은 세월이 지남에 따라 점차 특정한 어떤 집단을 지칭하는 의미로 확대되었고, '민족주의'는 이합집산된 여러 집단들에게 그들이 누구인지에 대한 정체성을 일깨워주는 데 중요한 역할을 하게 되었다. 이러한 집단들의 정체성 공유가 확대되면서 하나의 민족적 동질의식이 형성되었다고 볼 수 있다.

동유럽 민족주의의 특징을 이해할 때 우리가 가장 눈여겨 봐야 할 주장은 조지 웨일George Weil이 내세운 분석 방법이다. 그는 민족주의의 분석을 위해선 무엇보다도 일련의 분석 목록의 분류를 전제해야 한다면서, 민족주의에 대한 2가지 기본 접근 방법을 제시한다. 하나는 합리적이고 현대적인 문제들과 관련한 서구적 접근이며, 다른 하나는 민족주의의 확대 당시 독일과 동유럽에 퍼진 낭만적이고 영광스러운 과거 역사의 부활을 목적으로 하는 접근 방법이다. 특히 한스 콘은 민족과 민족주의에 대한 정의에 앞서 동·서유럽 민족주의를 구분해 설명하는데, 그는 두 지역의 민족주의의 특징과 구분 배경에 대해 다음과 같이 지적한다.

> 서유럽에서 민족주의는 과거에 대한 너무 많은 감정을 고려하지 않고, 현재의 투쟁과 정치적 실체 속에서 민족을 건설하려는 노력 속에 일어났다. 반면 동유럽에서 민족주의자들은 조국(fatherland)에 대한 이상을 창조하려 했고, 그것은 종종 과거의 신화들과 미래의 꿈을 담고 있었다. 그들은 실제 이것들이 정치적 실체들로 형상화되기를 기대했다.

한스 콘은 서유럽의 민족주의가 실체(reality)에 기초한 반면, 동유럽의 민족주의는 신화(myth)와 꿈(dream)에 기초하고 있다고 지적한다. 그의 지적에 따라 서유럽과 동유럽의 민족주의 양태를 구분해 다음과 같이 설명할 수 있을 것이다.

우선 서유럽 민족주의가 변화하는 사회·경제·정치적 현실에 상응해 발전했다면, 동유럽 민족주의는 민족주의 발전에 알맞은 사회·경제적 전환을 이루기 훨씬 이전에 나타났다는 점이다. 실제 서유럽에서 시작한 민족주의는 18세기 말 이후로 국제정치에 중요한 정신적, 감정적인 힘이 되었고, 또 국가 형성의 중요 원리로 작용했다. 미국 독립전쟁(1775~1781)과 프랑스 혁명(1789)을 사상적 토대로 서유럽에서 시작한 민족주의는 19세기 나폴레옹 전쟁을 따라 유럽 전역으로 확산되었고, 이어 19세기 중엽에는 중·동유럽 전 지역에 영향을 미치기 시작했다. 서유럽 민족주의의 발흥은 중앙집권적 민족국가의 대두보다 한발 앞서거나 그와 때를 맞추어 진행되었다. 그래서 시민은 곧 민족국가의 구성원을 의미하는 '민족(Nation)'과 '국가(State)'라는 개념의 동의성을 쉽게 이해할 수 있었다. 민족주의는 속지주의의 성격을 띠었으며, 그 결과 강력한 중앙집권적 조직이 가능하게 되었다. 곧 민족적 개념(natural concept)이 영토적 개념(territorial concept)으로 매우 쉽게 전환하고 발전했던 것이다.

동유럽의 민족주의

하지만 민족주의는 19세기 이후 동유럽에 이르러 이들 지역의 민족들이 겪는 역사적 상황과 결부되면서 새로운 의미로 바뀐다. 당시 동유럽은 러시아, 합스부르크, 오스만 터키 제국의 지배를 받고 있었으며, 봉건적이고 폐쇄적이며 중앙집권적인 문화가 팽배했다. 그리고 기존 국가의 경계와 민족의 경계가 일치하지 않는 데다, 서유럽과 달리 시민 계층이 형성되지 않아서 서유럽과는 다른 유형의 민족주의가 자라고 있었다. 초기의 동유럽 민족주의는 기존의 국가 유형에 대한 저항과 내부의 문화 차이로 인한 갈등, 피지배 상태에 대한 반감에서 시작해 신화적 선민의식으로 발전했다. 자연스럽게 민족주의는 현재의 압박과 피지배 상태를 벗어나게 해줄 메시아로서, 이상적인 미래 조국을 창조하려는 움직임과 함께 어울려 나타났다.

민족주의 도입기에 동유럽은 제국들의 지배를 받고 있었기 때문에, 이후 수립한 독립국가의 경계와 민족의 경계가 서로 일치하지 않았다. 동유럽의 민족주의에서는 '민족' 개념과 '국가' 개념이 서로 동일시되지 않았으며, 따라서 서유럽과 같은 '민족-국가(Nation-State)' 개념을 만들어내지 못했다. 동유럽 민족주의의 개념에는 국가보다는 문화, 언어, 종교적 일치성을 보이는 민족에 대한 충성도가 높게 나타난다. 또한 소수민족이 많은 동유럽의 경우, 해당 지역의 민족들은 '국가'와 '민족'의 분리가 가능하며, '국가'란 단지 민족들 간의 연결을 위한 중간자적 조직에 불과하다는 인식이 서유럽보다 강한 편이다. 그 결과 국가권력이 중앙정부로 집중되기보다는 오히려 분산되는 경향을 자주 보인다. 또한 유고슬라비아 지역과 체코·슬로바키아, 루마니아, 불가리아처럼 여러 민족이 혼합된 국가는 다수 민족의 소수민족에 대한 탄압과 이에 대한 소수민족의 저항이 이어지면서 민족 간 갈등과 분쟁이 끊이지 않았다.

사회주의 시절에 억눌려 민족 갈등은 사회주의 이념의 소멸과 함께 급속하게 수면 위로 부상했다. 그 결과 다수 민족은 소수민족에 대한 영향력 확대와 영토 확보를 위해, 소수민족들은 기존의 억압을 이겨내고 새로운 그들만의 '민족-국가'를 건설하기 위해 강력한 민족주의 성향을 드러냈다. 하지만 당시 동유럽의 상당수 국가들은 체제 안정을 위해 그들이 갖추어야 할 민주주의 시스템, 시장주의, 법치 기구들에 대한 준비가 부족한 상태였다. 그래서 이러한 민족 갈등과 분쟁을 억제할 힘을 발휘하기가 힘들었다. 동유럽의 여러 지역 가운데 이러한 민족 갈등과 분쟁이 가장 첨예하게 나타난 곳으로는 보스니아, 코소보, 마케도니아 등 과거 사회주의 유고슬라비아 연방의 지역들을 들 수 있다.

보스니아 민족 분쟁

1992년 3월부터 1995년 11월까지 약 3년 8개월에 걸쳐 일어난 보스니아 민족 분쟁은 2차 세계대전 이후 유럽에서 발생한 가장 끔찍하고 처참한 민족 분쟁들 가운데 하나로 평가받고 있다. 1991년 6월에 사회주의 유고슬라비아 연방의 구성 공화국이던 슬로베니아와 크로아티아가 연방에서 탈퇴와 독립을 선언했다. 독립선언에 대한 세르비아의 저항으로 시작한 유고슬라비아 분쟁(슬로베니아, 크로아티아 내전)은 여러 민족이 섞인 보스니아에까지 영향을 주어, 1992년 3월 보스니아의 독립 선언과 함께 보스니아 민족 분쟁으로 이어진다.

보스니아에 대한 개요

보스니아는 아드리아해 동쪽에 자리 잡고 있으며 북쪽과 남쪽, 서쪽으로는 크로아티아Croatia, 동쪽으로는 세르비아Serbia, 동남쪽으로는 몬테네그로Montenegro와 닿아 있고, 남쪽은 아드리아 해안으로 총 21.2km의 좁은 해안선을 지닌 것이 특징이다. 보스니아의 면적은 총 51,129km²로 그 크기는 유럽 국가 중 과거 체코슬로바키아에서 분리한 슬로바키아보다 약간 크며, 화살촉과 같은 모양을 띠고 있다. 보스니아란 명칭은 보스니아 내륙을 북에서 남으로 가로지르는 보스나Bosna강에서 유래했으며, 헤르체고비나Herzegovina는 15세기 오스만 터키 지배 전까지 네레트바Neretva강 유역에 있는 모스타르Mostar를 중심으로 남쪽 일대를 점령한 헤르체그 대공 가문의 이름에서 유래한 것이라고 전해진다.

보스니아의 인구는 보스니아 내전 전의 1991년 통계에 따르면 439만 명 정도였으나, 보스니아 내전이 끝나고 1998년에 밝힌 보스니아 정부의 통계 자료에 따르면 392만 명으로 추산하고 있다. 기록에 따르면 1992년에서 1995년 사이 보스니아 내전으로 보스니아 무슬림은 이전 인구수 중 7.4%, 세르비아인들은 7.1%가 살해되거나 실종된 것으로 알려졌다. 보스니아의 인구 밀집도는 1998년 통계에 따르면 평당 66명으로 42%의 인구가 보스니아 지역의 도시들에 거주하고 있으며 인구 증가율은 1.38%다. 가장 큰 도시는 사라예보Sarajevo(2002

보스니아의 지리적 위치와 경계.

년 추정치로 주민 수 39만명)로 보스니아 공화국의 수도이자 중요한 문화, 사회, 정치, 경제의 중심지 역할을 하고 있다.

2007년 현재 보스니아의 공식 화폐는 '보스니아 마르크'라 부르는 태환 마르크(Convertible Mark: KM)이다. 태환권은 일종의 신용화폐로 경제와 물가가 불안정한 보스니아 사정에 따라 중앙은행의 통제 아래 통용되고 있다. 하지만 각 공화국들에선 자신들과 정서가 비슷하고 경제 교류가 활발한 이웃 공화국들의 화폐(세르비아인들은 디나르Dinar화, 크로아티아인들은 쿠나Kuna화)도 일부 통용되고 있다.

공용어는 세르비아어나 크로아티아어로, 문자는 세르비아인들은 러시아 문자와 비슷한 키릴 문자를, 보스니아 무슬림과 크로아티아인들은 영어 알파벳과 비슷한 라틴 문자를 주로 사용한다. 보스니아어는 방언의 차이가 조금 있으나 같은 언어를 쓰고 있으며, 이것은 과거 사회주의 유고슬라비아 연방 시절의 공용어 세르보-크로아트어에 기초하고 있다.

보스니아의 민족 구성은, 보스니아 내전 전에 한 1991년 인구 조사에 따르면, 보스니아 무슬림계가 44%, 세르비아계가 31%, 크로아티아계가 17%, 티토Josip Broz Tito(1892~1980) 정권 시절 시행한 민족 간 혼혈 결혼 정책에 따라 형성된 유고슬라비아인이 5.5%, 기타 2.5% 등으로 나누어 볼 수 있다. 하지만 1995년 미국 정부가 실시한 인구조사에 따르면 무슬림계는 40%, 세르비아계는 38%, 크로아티아계는 22%이다. 내전을 거치면서 인종 학살로 많은 보스니아 내 무슬림들이 죽었고, 인종 학살을 피하기 위해 무슬림들이 대거 이웃 나라나 서방으로 이주하면서 인구가 감소했기 때문이다. 반면 크로아티아 내전을 거치면서 크로아티아에서 쫓겨 온 20여만 명의 세르비아인들이 보스니아로 이주함에 따라 세르비아계의 인구 분포가 변화했다. 또한 이전까지 민족 간 혼혈로 인해 형성된 유고슬라비아인들이 민족 구성분포에서 사라져 버렸다. 전통적으로 보스니아 무슬림들은 이슬람교를, 세르비아인들은 세르비아 정교를, 크로아티아인들은 가톨릭을 신봉한다.

보스니아 국가 체제는 1995년 12월 보스니아 내전을 종결하기 위해 맺은 '데이턴Dayton 평화협정'에 따라 지리적 행정구역이 크게 보스니아 무슬림과 크로아티아계가 차지한 보스니아-헤르체고비나 연방(보스니아 영토의 51%, 수도는 보스니아-헤

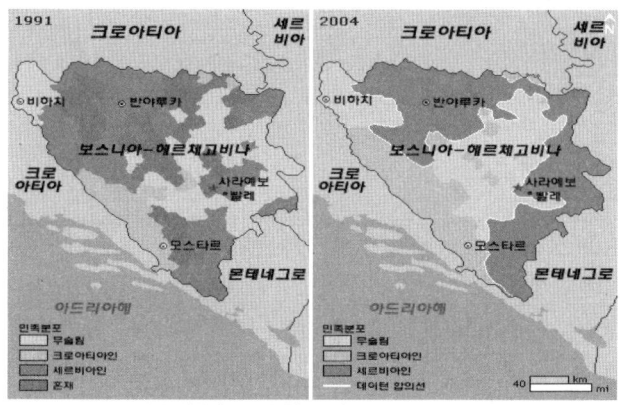

내전 전(왼쪽)과 내전 후(오른쪽) 민족 분포도의 변화.

르체고비나 공화국 수도와 같은 사라예보)과 세르비아계가 차지한 스르프스카 공화국(보스니아 영토의 49%, 수도는 반야 루카Banja Luka)으로 1국가 2체제의 형태를 띤다.

보스니아의 역사

지정학적으로 보스니아 지역은 고대 이래로 20세기 초까지 전략적으로 주요한 위치에 있었다. 고대에 보스니아는 동·서 로마의 분기점에 있었으며, 중세 초기에는 양대 기독교(가톨릭, 정교)의 접합 지점에 자리 잡아 한동안 양대 기독교의 치열한 각축장으로 전락하기도 했다. 6~7세기에 걸쳐 보스니아에 슬라브족이 이주해 와 정착한 이후, 중세와 오스만 지배 시절, 근대를 거치면서 슬라브인들은 종파에 따른 각자 독자적인 분류 경계를 지니며 조화로운 세계를 구축해왔다. 또한 이웃한 여러 슬라브족들(세르비아인, 크로아티아인)과는 또 다른 자신들만의 독특한 역사와 문화를 만들어왔다.

중세 초기, 보스니아의 슬라브인들은 이웃하고 있는 다른 슬라브인들에 비해 독립 왕국을 다소 늦게 구성했다. 이들은 한동안 쥬파župa라 부르는 작은 국가 단위체들의 연합체를 갖고 있었다. 그 이유는 주변 국가들이 왕국을 건설해 가던 10세기부터 12세기까지 외세의 지배를 받았기 때문이다. 따라서 보스니아가 외세의 지배에서 벗어나 독립국가의 모습을 갖추게 된 시기는 주변 국가들보다 다소 늦은 13세기 초부터라고 할 수 있다.

1318년에 보스니아의 새로운 지배자로 등장한 스테판 코트로마니치Stefan Kotromanić는 헝가리와의 관계 개선을 통해 나라를 안정시키고 본격적인 영토 확장을 계획했다. 결국 보스니아는 크로아티아의 일부 영토와, 당시 세르비아 세력이 지배하던 홈 지역을 다시 빼앗았다. 이후 1353년, 트브르트코Tvrtko 1세(1353~1391) 시대에 들어와 보스니아는 이전보다 더욱 활발히 영토 확장을 추진해 독립 왕국의 기틀을 마련한다.

하지만 15세기에 들어와 오스만 터키 제국이 유럽으로 진출하면서 충돌이 일어나 보스니아 국경은 계속 긴장 상태에 놓인다. 1430년대 이후 오스만 터키 제국은 유럽 진출을 더욱 가속화해, 1451년에 보스니아 동부 지역을 침입하고 사라예보를 비롯한 많은 도시들을 복속시키는 데 성공한다. 이어 오스만 터키 제국은 1453년에 비잔틴 제국을 정복하고 1459년에 세르비아를 완전히 정복한다. 곧이어 1465년에는 1527년까지 저항한 야이쩨Jajce를 제외하곤 보스니아 영토 대부분을 차지한다.

오스만 터키 제국의 보스니아 지배는 신앙심과 기독교 교육이 상대적으로 약한 보스니아의 많은 슬라브인들이 이슬람으로 개종하게 된 결정적 계기를 마련해 주었다. 오스만 터키 제국의 지배기에 무슬림들은 제국의 중앙과 지방에서 충실한 공무원으로, 독실한 이슬람 신봉자로 성장해 오늘날 보스니아의 주요 민족이 되었다.

오스만 터키의 보스니아 지배는 1877년 러-터(러시아-터키) 전쟁의 결과로 맺은 1878년 산 스테파노San Stefano 조약(3월)과 베를린Berlin 조약(6월)을 통해 끝을 맺는다. 하지만 베를린 조약의 결과, 보스니아에 대한 행정권이 오-헝(오스트리아-헝가리) 제국에게 넘어가고, 1908년에는 오-헝 제국에 완전히 병합됨으로서 보스니아는 다시 한 번 강력한 외세의 지배를 받는다. 1866년에 프로이센과 치른 싸움에서 패한 뒤 오-헝 제국은 서쪽 진출을 포기하고 대신 발칸으로 동진東進 정책을 추진했다. 또한 러시아는 부동항 획득과 흑해 연안 지역에 대한 영향력을 확대하고자 발칸으로 남진南進 정책을 추진했다. 따라서 발칸 지역에는 그 어느 때보다도 새로운 위기감이 조성되었다. 19세기 이후 동유럽으로 급속히 확대되던 민족주의 또한 주요한 변수로 등장한다. 특히 이 지역의 민족주의는 보스니아의 세르비아인들을 자극해서 이웃한 세르비아 근대 왕국을 중심으로 대大세르비아 국가를 건설하려는 열기를 확산시켰다. 세르비아의 민족주의 확대는 세르비아의 청년 가브릴로 쁘린찌쁘Gavrilo Princip가 1914년 6월, 사라예보를 방문한 오-헝 제국의 페르디난드Ferdinand 황태자 부처 암살 사건의 배경이 되었다. 이 사건은 발칸유럽 지역의 전략적 중요성과 결부되면서, 1차 세계대전으로 이어진다.

1차 세계대전 이후 보스니아는 최초의 남슬라브족 국가인 '세르비아-크로아티아-슬로베니아 왕국(1929년 이후 '유고슬라비아 왕국'으로 개명)'에 편입되었다. 그리고 2차 세계대전 이후 티토의 사회주의 유고슬라비아 연방에서 6개 구성 공화국 중 하나인 보스니아-헤르체고비나 공화국으로 등장한다. 티토는 다多민족, 다多문화, 다多종교로 이루어진 사회주의 유고슬라비아 연방의 존속과 발전을 위해 보스니아 무슬림과 정교도 세르비아인, 가톨릭 크로아티아인이 서로 섞여 있는 보스니아 공화국을 다多민족 국가의 새로운 모델로 제시하고자 했다. 이를 위해 티토는 각 민족 간의 혼혈 정책을 장려하는 등 새로운 민족으로서 '유고슬라비아인'과, 그 이론으로 각 공화국보다는 국가에 대한 충성을 요구하는 '유고슬라비즘'[2]을 창출하고자 노력했다.

하지만 1980년 5월 보스니아의 중요성을 그토록 강조한 티토가 사망한다. 이후 1991년에 사회주의 유고슬라비아 연방의 붕괴는 민족 간 심각한 갈등과 대립을 야기했고, 이어 슬로베니아와 크로아티아 내전을 낳는다. 특히 이웃한 크로아티아 내전은 세르비아인이 주도한 연방에서 독립하고자 하는 보스니아의 크로아티아인들과 무슬림들의 욕구를 자극했다. 보스니아는 이들과 보스니아의 독립을 선호하는 유고슬라비아인을 중심으로 마침내 1992년 3월 독립을 선언한다. 하지만 독립 선언은 곧바로 보스니아 내전을 낳는다. 내전은 3년 8개월 동안 이어진다. EU와 UN이 여러 차례 평화안을 제시했으나 불발로 끝나고, 마침내 현실주의적 힘(power)을 바탕으로 내전에 개입한 미국의 중재로 1995년 12월에 '데이턴 평화협정'이 체결되고 내전은 끝을 맺는다.

보스니아 민족 분쟁의 발발

1980년 5월 티토의 사망 이후 약 10여 년은 유고슬라비아 지역의 각 민족들에게 '문화적 민족주의' 대두를 위한 준비기로 볼 수 있다. 티토의 사망 이후, 유고슬라비아는 계속된 경제적 어려움과 여러 민족들의 민족주의와 관련한 계속된 발언과 시위들로 대내외적인 어려움에 직면했다. 특히 '티토이즘 Titoism'[3)]의 한 축인 '비동맹 외교 정책'이 티토의 죽음과 대외적 정세 변화로 별다른 실효를 거두지 못하고, '자주관리제도'의 문제점들이 나타나면서 이것들이 오히려 걸림돌로 작용한다. 또한 정치적 민족주의의 일환이었던 '유고슬라비즘'은 파르티잔 세대들이 퇴각하고, 여러 민족들이 자기의 이익에 기초한 문화적 민족주의를 표출하면서 어려움을 겪는다. 특히 티토가 생전에 보스니아를 다양한 민족과 문화, 종교로 이루어진 사회주의 유고슬라비아 연방 유지의 시험장으로 여겼던 만큼, '유고슬라비즘'의 퇴각과 각 공화국들의 문화적 민족주의의 표출은 이 지역의 불안과 긴장을 자연스럽게 불러왔다.

실제로 보스니아는 동유럽 어느 국가들보다도 문화적 민족주의가 잘 드러나는 지역이다. 또한 동유럽 민족 분쟁이 갖고 있는 여러 공통점들이 더 명확하게 드러나는 지역이기도 하다. 보스니아에서 두드러진 민족주의의 특징 가운데 하나는, 다른 어떤 동유럽 지역들보다도 이 지역의 민족주의에서 '민족-국가'라는 개념 형성이 매우 약하다는 점이다. 아니 오히려 '민족'과 '국가'의 분리가 가능하며, '국가란 단지 민족들 사이의 중간자적 조직에 불과하다'는 인식이 매우 높다. 그 결과 20세기 이후에 들어와서도 강력한 중앙집중보다는 각 민족 집단이 권력을 지니고 필요에 따라 느슨한 단합을 유지하는 국가 형태를 선호하고 있음을 확인할 수 있다. 역사적으로 보스니아 지역의 민족들은 언어, 종교, 관습, 역사적 공유 등 문화적 요소를 기초로 '우리(We)'와 '그들(They)' 민족을 구분해왔다. 특히 민족과 종교가 매우 복잡하게 뒤섞여 있다 보니, 민족 집단들 간의 갈등과 충돌이 끊이지 않았으며, 다수 민족의 소수민족에 대한 탄압이 빈번하게 발생했다. 따라서 1989년 베를린 장벽 붕괴 이후 사회주의 체제의 쇠퇴 속에 서로 민족 감정을 부추기는 '문화적 민족주의'가 확대되었고, 이것은 곧바로 이 지역의 민족 분쟁으로 이어졌다.

보스니아 민족 분쟁의 주요 요인 중 하나인 특이한 민족 구성은 이 지역의 특수한 지리적 조건 아래서 오랜 역사를 거쳐 만들어진 것이라고 할 수 있다. 고대부터 유럽과 아시아 대륙을 연결하는 주요 통로에 있던 보스니아는 오랫동안 그 지정학적 중요성을 높게 평가받아 왔다. 서기 395년, 동·서로마 분열의 경계선에 있던 보스니아 지역은 이후 동·서로마, 동로마(비잔틴 제국)와 이슬람 제국, 합스부르크와 오스만 터키, 오스트리아-헝가리 제국과 러시아 사이의 충돌과 이해 다툼이 첨예하게 일어난 지역이다.

보스니아는 또한 대표적인 '문화와 종교의 모자이크 지역'이다. 민족들의 정서와 삶 속에 서양과 동양 문화, 라틴과 슬라브 문화, 가톨릭, 정교, 이슬람이 매우 복잡하게 뒤섞여 있다. 로마의 지배와 이에 따른 기독교의 보급, 서로마 교회(로마 교회)와 동로마 교회(콘스탄티노플 교회)의 분열에 따른 '가톨릭'과 '정교'의 성립, 그리고 14세기 말 이후 가톨릭 국가인 합스부르크 제국과 이슬람 국가인 오스만 터키 제국에 의한 지역 분할과 그에 뒤이은 이슬람교의 전파 등에서 그 원인을 찾을 수 있다. 이처럼 보스니아 지역의 민족들은 오랫동안 서로 이질적인 정치·문화적 영향 속에서 각자의 삶을 영위해왔다. 그리고 이것은 지금까지도 이어져 여러 차례의 민족 갈등과 분쟁을 낳는 배경이 되고 있다.

보스니아 민족 분쟁의 전개 과정

티토 사망 뒤 10여 년이 지난 1990년 1월, 제 14차 유고슬라비아 임시 전당대회가 중단되고, 이어 공산당의 모든 기능이 정지되었다. 이후 연방을 구성하는 6개의 공화국 모두 전후 최초의 다당제 선거를 실시해, 각 공화국마다 공산당을 누르고 민족주의 정당들이 주요 정당으로 등장했다. 이들 공화국 가운데 정치적 민주화와 시장경제체제를 가장 먼저 받아들인 곳은 슬로베니아다. 슬로베니아는 1990년 12월의 국민 투표에서 연방 탈퇴와 국가주권 달성을 공약으로 내건 슬로베니아 민주야당(DEMOS)의 밀란 쿠찬Milan Kučan을 대통령으로 선출했다. 이웃한 크로아티아는 1990년 4월 선거에서 승리한 민족주의 정당인 크로아티아 민주연합(HDZ)과 프란요 투쥬만Franjo Tudjman 정부를 중심으로 연방에서 분리권을 명기한 신新헌법을 채택했다. 1990년 2월 공산당의 독점방지법안에 합의한 보스니아 의회 또한 1990년 11월 다당제 선거에서, 종교를 기반으로 한 세 민족 정당이 보스니아 공화국의 전체 의석(240석) 중 86%를 차지하게 되었다. 우선 알리야 이제트 베고비치 Alija Izetbegovič가 이끄는 무슬림 민주실천당(SDA)이 86석을, 라도반 카라쥐치Radovan Karadžič가 이끄는 세르비아 민주당(SDS)이 72석을, 그리고 스트예판 클류이치Stjepan Kljuič가 이끄는 크로아티아 민주연합(HDZ)이 44석을 차지했다. 그 결과 보스니아 정부는 다수 석을 차지한 무슬림계가 이끌게 되었다.

하지만 2차 세계대전 당시 독일의 지원을 받은 크로아티아 극우 민족주의 단체인 우스타샤Ustaša 정권에게 약 70여만 명이 학살당한 경험을 갖고 있던 세르비아인들은 보스니아와 크로아티아 정부의 독립 움직임에 매우 불안해했다. 마침내 크로아티아의 연방 탈퇴가 가시화되자, 이 지역의 세르비아인들은 세르비아 민주당(SDS)을 중심으로 1990년 9월에 크로아티아의 크닌Knin을 수도로 하는 '크라이나 세르비아 자치구(이후 크닌 공화국으로 이름 변경)'를 창설한다. 보스니아 세르비아계도 무슬림이 다수 민족이 되는 보스니아 독립 국가 설립을 강력히 반대하면서, '세르비아니즘Serbianism'[4])에 기초한 민족주의 움직임을 키워갔다. 한편 보스니아의 크로아티아계 사이에서는 스테판 클류이치 등을 중심으로 한 다多민족 보스니아 독립공화국 선호 세력과, 마테 보반Mate Boban을 중심으로 한 보스니아를 크로아티아로 합병할 것을 지지하는 세력들 간에 갈등이 커지면서 보스니아는 커다란 혼란의 시기를 맞는다.

이런 상황에서 사회주의 유고슬라비아 연방으로부터의 탈퇴와 독립을 추진하던 슬로베니아와 크로아티아, 보스니아 공화국은 그 이전 단계로, 연방을 당시의 EC와 같은 느슨한 주권국가의 연합체로 바꿀 것을 요구한다. 하지만 이러한 주장은 당시 유고슬라비아 연방에서 정치·군사적 주도권을 장악하고 있었던 세르비아 공화국의 강력한 반발을 낳는다.

유고슬라비아 지역의 긴장 해결을 위한 세르비아와 다른 공화국들의 회담이 계속 실패하고, 윤번제로 돌아오는 집단대통령 의장에 선출 예정이던 크로아티아 공화국의 스띠페 메시치Stipe Mesić 대표가 한때 크로아티아 분리주의 움직임을 주도했다는 이유로 세르비아에게 의장직을 거부당하면서 사태는 어렵게 돌아간다. 이후 연방의 중심축인 집단대통령 기구가 유명무실해지고, 최후의 보루이자 다多민족 결합체인 '유고슬라비아 연방군(JNA)'이 와해됨으로써 유고슬라비아 사태는 더욱 혼미해진다.

슬로베니아와 크로아티아 공화국은 마침내 1991년 6월 25일에 독립을 선언한다. 세르비아가 주도한 유고슬라비아 연방군은 슬로베니아와 크로아티아의 일방적인 독립 선언이 무효라고 선언한 뒤 슬로베니아로 진격한다. 이어 1991년 6월 28일에 슬로베니아 공화국과 연방군의 최초 내전이 발생한다.

사회주의 유고슬라비아 연방의 대통령 티토.

비록 EC의 개입으로 3개월 동안 휴전협정을 맺지만, 다시 8월에 들어서 크로아티아에 연방군이 진입하면서 내전은 유고슬라비아 지역 전체로 확산된다. 문제 해결을 위해, 1991년 여름에 유엔평화유지군(UNPROFOR, UN Protection Force)을 유고슬라비아에 파견했지만 분쟁의 통제권을 완전히 장악하는 데는 실패한다. 그 이유는 유엔평화유지군의 초기 투입 목적이 구호품 공급과 이를 위한 지원에 국한되었기 때문이다. 이는 전략적 착오였다. 또한 관할권이 분쟁 지역을 따라 크로아티아에서 보스니아로, 그 뒤로는 마케도니아 등으로 확대되면서 인력 부족이 드러났고, 통제력도 약화되었다. 민족 분쟁의 확대와 유엔평화유지군의 통제력 약화는 서구 여러 나라들의 이익 다툼과 맞물리면서, 오히려 UN의 권위를 실추시키는 결과를 초래했다.

1992년 1월 22일, 전열을 정비한 크로아티아 정부군이 영토주권을 내세우면서 60여만 명에 가까운 세르비아인들이 거주하는 북부 크라이나 지역에 쳐들어왔다. 세르비아와 몬테네그로 공화국에는 비상령이 선포되었다. 크로아티아 정부군의 공격이 시작되자, 크로아티아에서 많은 세르비아인들이 탈출하기 시작했다. 그리고 크로아티아에 남아 있던 세르비아 주민들에게는 광범위한 인권 침해가 뒤따랐다. 분쟁이 확대되고 연방 분리가 확실시되자, 1992년 4월 27일에는 세르비아 공화국과 몬테네그로 공화국 그리고 2개의 자치주(보이보디나, 코소보)를 근간으로 하는 새로운 '유고슬라비아 연방(이 글에서는 사회주의 유고슬라비아 연방과 구별하기 위해 '신유고 연방'으로 기록함)'이 형성되었다.[5]

새로운 정부 수립 이후 보스니아 정부는 그 여파를 우려해 슬로베니아와 크로아티아에서 일어난 내전에 대해 중립을 선언한다. 그러나 중립 선언에도 불구하고, 크로아티아의 내전

이 격화되자 보스니아로 그 불똥이 옮겨 붙는다. 크로아티아 민족 분쟁을 지켜본 보스니아의 크로아티아인과 무슬림 사이엔 연방을 탈퇴하지 않을 경우 닥쳐올 세르비아인의 자민족 학대에 대한 두려움이 더욱 커졌다. 한편 보스니아의 세르비아인들 사이에서는 보스니아가 연방을 탈퇴할 경우, 미워하고 무시했던 무슬림들의 지배 아래서 자신들이 소수민족으로 전락할지도 모른다는 불안감이 커졌다. 게다가 보스니아가 독립한 뒤 이웃인 크로아티아로 편입될 가능성이 있다는 소문이 퍼지면서, 2차 세계대전 때 자행된 크로아티아 민족주의자에 의한 인종 학살이 재연될 수 있다는 두려움으로 불안감은 더욱 증폭되었다.

크로아티아 민족 분쟁이 휴전의 협정과 파기로 혼란을 거듭하고 있을 즈음, 1992년 3월에 마침내 보스니아 공화국에서도 민족 분쟁이 일어난다. 보스니아 민족 분쟁의 시발은 크로아티아, 슬로베니아처럼 보스니아 독립 선언이 그 계기가 되었다. 1992년 3월에 보스니아 독립을 바라는 보스니아의 무슬림계와 보스니아인, 크로아티아계 세력들이 국민투표를 단행해 독립을 지지했다. 하지만 보스니아가 계속 연방에 존속하기를 원한 세르비아인들은 국민투표에 불참했다. 이를 지켜본 유고슬라비아 연방군은 EC와 미국이 보스니아 공화국의 독립을 승인한 다음날, 보스니아 공화국 남서부에 미사일 공격을 개시했다. 이어 사라예보에서 보스니아 독립을 지지하는 세력과 이를 반대하는 세르비아 민병대들 사이에 격렬한 충돌이 일어났다.

당시 보스니아 정부는 독립을 승인한 서구의 보호와 지원을 믿었다. 그러나 세르비아계에게는 크로아티아 지역의 민족 분쟁 해결에도 별다른 실효를 거두지 못한 서구의 외교적 조치들이 단순한 '제스처 외교'로밖에 보이지 않았다.

이후 보스니아 민족 분쟁이 확대되고 인도적인 문제가 제기되자, UN안전보장이사회는 보스니아를 비롯해 유고슬라비아 지역에 배치할 UN군 파견을 결의한다. 또한 UN은 분쟁 해결을 위해 보스니아 공화국을 각 민족마다 3개씩의 자치주와 사라예보를 중심으로 한 하나의 중립지대를 포함해 모두 10개의 자치주로 분할하는 내용을 담은 보스니아 국제 평화안(벤스-오웬안)을 제시한다.[6] 그러나 보스니아 세르비아계의 지도자인 라도반 카라쥐치는 세르비아계의 주민투표를 한 뒤 그 결과에 따라 이 안의 수락을 거부한다.

1995년 10월에 미국과 서구는 세르비아 공화국과 보스니아의 세르비아계에 대한 경제 봉쇄와 군사 공격을 통해 압력을 확대한다. 그 결과 보스니아의 여러 민족 세력들이 평화 회담 개최를 합의하고, 11월에 미국이 주도하는 '데이턴 합의안'이 그 결실을 봄으로써 기나긴 보스니아 민족 분쟁은 끝을 맺는다.

보스니아 민족 분쟁 평화안

보스니아 내전 동안, '벤스-오웬안'을 비롯해서 분쟁 해결을 위한 유럽의 여러 평화 노력들은 별 다른 결실을 보지 못한다. 결국 분쟁 해결에 관한 문제는 UN에 책임이 넘어갔지만, UN도 별다른 성과를 거두지 못한다. 마침내 1995년 5월에 보스니아 문제는 UN의 요청으로 사회주의 체제 붕괴 이후 국제사회의 경찰국가를 자위한 미국의 손에 넘어가게 된다.

당시 미국이 보스니아 내전에 개입하게 된 것은 미국의 대내외적 전략 변화와 연관이 있다. 1995년에 클린턴 행정부는 대통령 재선거를 앞두고 있었다. 대내적으로 경제적 성과들을 거두던 클린턴 행정부는 재당선을 위해서는, 미국이 진정한 국제사회의 경찰국가로서 위상과 국제 분쟁에 대한 확고한 해결능력이 있음을 보여줘야 한다는 대외적인 필요성에 직면해 있었다. 이와 더불어 유럽 지역에서 전통적으로 러시아의 영향력이 강한 발칸유럽에 대해 미국의 영향력을 확보하기 위한 전략적 계산도 있었다.

미국은 우선 전선의 경계가 불분명하고, 분쟁의 가해자와 피해자가 복잡한 분쟁 구도를 보다 선명하게 나눌 필요성을 느꼈다. 미국은 분쟁의 주요 원인을 보스니아의 세르비아인과, 이웃한 세르비아 공화국의 대大세르비아주의에 기초한 영토 확대라는 데 초점을 맞췄다. 당시 세르비아 공화국에서 암묵적으로 군수물자를 제공받던 보스니아의 세르비아 민병대들이 타민족에 대한 인종 청소와 공격에 좀 더 적극적이었다는 것이 표면적인 이유였다. 하지만 이것 외에도 잘 드러나지 않은 복합적인 이유가 있었다. 즉, 미국은 보스니아의 무슬림에 대해 우호적이었는데, 이는 안정적인 원유 공급선 구축과 이슬람 국가가 다수를 이루는 중동 지역의 반미 감정 억제를 위한 전략 때문이었던 것으로 보인다. 또한 미국은 크로아티아인에 대해서도 우호적이었는데, 그런 태도는 보스니아와 이웃한 크로아티아가 전통적으로 독일, 오스트리아 등과 매우 밀접한 외교 관계를 구축해온 점을 고려한 듯하다. 특히 독일은 1991년에 사회주의 유고슬라비아 연방이 해체될 위기에 처했을 때, 미국의 반대에도 크로아티아와 슬로베니아의 독립을 가장 먼저 인정해줄 정도로 이들 국가들에게 많은 관심을 기울였다.

미국은 이러한 전략적 계산을 기초로 기존의 벤스-오웬안을 일부 수정해, 보스니아 세르비아인의 세력 약화와 영토 축소 등 영토 분할에 따른 평화 합의안을 도출하기 위한 작업을 서두른다. 미국은 분쟁 해결을 위해서는 복잡하게 얽힌 민족들의 이주가 필요하다고 주장했고, 민족 이주는 곧 보스니아 평화 정착의 필수 조건이 되었다.

미국이 주도한 '데이턴 합의안'은 기존의 벤스-오웬안과 비교해 볼 때 여러 차이점을 발견할 수 있다.

우선, 벤스-오웬안은 보스니아의 세 민족(무슬림, 세르비아인, 크로아티아인)의 영토 분할을 전제로 한 느슨한 연방제 수립을 기초로 삼았다. 반면, 데이턴 합의안은 보스니아의 무슬림과 크로아티아인이 서로 연합하는 정치체제(보스니아-헤르체고비나 연방)와 세르비아인이 주도하는 또 다른 정치체제(스르프스카 공화국)로의 분할을 계획했다. 이에 따라 1995년 초, 미국의 요청

데이턴 합의안에 서명하는 세르비아의 밀로셰비치, 크로아티아의 투지만, 보스니아의 이제트베고비치 대통령(왼쪽부터).

으로 보스니아 분쟁 해결을 위한 모임에 유럽의 주요 국가들이 자리를 같이했다. 이 자리에서 미국은 자신이 계획한 새로운 평화안을 제시했다. 당시 세르비아계가 장악한 70%의 영토를 49%로 축소할 것과, 보스니아의 무슬림과 크로아티아인이 연합해 확보한 30%의 영토를 51%로 확대할 것 등이 주요 골자였다. 또한 미국은 유럽의 여러 나라들에게 다방면의 협조를 강하게 요청했다.

하지만 이런 내용을 담은 새로운 평화안이 알려지자, 보스니아의 세르비아 민병대들은 거세게 반발하며 영토 확장과 분쟁 종결을 위한 더욱 강력한 투쟁을 전개했다. 보스니아의 분쟁이 오히려 악화되자, 미국은 곧바로 NATO군을 동원해 세르비아 민병대들을 공격하고, 이들의 전력 약화를 위해 세르비아 공화국을 압박했다. 군사적 공격과 압박은 '데이턴 합의안'으로 불리는 최종 평화안이 발표되는 11월까지 약 6개월간 지속되었다.

둘째, 국제정치학의 시각에서 벤스-오웬안이 다분히 '설득'

과 '협상'에 기초한 이상주의적 전략이라면, '데이턴 합의안'은 철저히 '무력'과 '국가적 힘(power)'의 우위에 기초한 현실주의적 전략이라는 점이다. 당시 클린턴 행정부는 미국의 힘을 기초로 국제 분쟁을 주도해 나가려 했다. 따라서 미국은 세르비아 민병대를 다양한 방법으로 지원하던 세르비아 공화국에 대한 강력한 금수 조치와 경제 제재를 선언함으로써 민병대에 대한 지원을 차단하려 했다. 이와 동시에 미국은 NATO군을 동원해 보스니아의 세르비아인에 대한 무차별 폭격과 군사적 대응을 확대하는 데 주력했다. 또한 이슬람 국가들과 크로아티아 공화국이 보스니아의 무슬림과 크로아티아인에게 군사적, 물적 지원을 하는 것을 인정하는 모습을 보임으로써의 세 병대에 대한 압력을 가시화 제재시작했다. 실제로 세르비아 공화국에 대한 경제 제재와 외교적 압력, 민병대에 대한 연이은 대규모 군사 공격은 보스니아 민족 분쟁을 이전과는 다른 양상으로 바꾸어 놓았다. 미국이 주도한 분쟁 해결 노력이 조금씩 효과를 나타내고 있었던 것이다.

그 결과 1995년 9월 26일, 보스니아 평화안의 타결을 위한 '뉴욕 회담'이 미국의 주도 아래 뉴욕 UN본부에서 열렸다. 이 회담에는 당시 보스니아를 비롯해 이 지역의 민족 분쟁과 깊은 연관이 있는 주변의 크로아티아 공화국과 신유고 연방의 3국 외무 장관이 참석한다. 이들은 보스니아의 독립을 국제적으로 인정하고, 단일 국가로 존속시킨다는 원칙에 합의한다. 그리고 보스니아 공화국 안에 무슬림과 크로아티아인이 연합

한 '보스니아-헤르체고비나 연방'과 세르비아인이 주축이 된 '스르프스카 공화국' 등 2개의 정치적 실체를 인정하는 민주 선거 실시에 합의한다. 이어 같은 해 10월 12일, 보스니아의 민족 세력들이 이 내용에 전격 합의함으로써, 오랫동안 내전에 시달린 보스니아는 잠정적이나마 평화 상태에 돌입할 수 있게 되었다.

1995년 11월 1일부터는 이러한 합의안을 기초로 해서 보스니아 평화 회담이 급물살을 탔다. 회담에는 보스니아, 세르비아, 크로아티아 외에도 미국, 영국, 프랑스, 독일, 러시아 등 소위 관계그룹(Contact Group)의 대표들이 참석했다. 미국 오하이오주 데이턴에 있는 라이트 피터Light Peter 공군기지에서 열린 회담에서 보스니아의 세르비아인이 장악한 '동東슬라보니아 지역에 관한 세르비아 소수민족 지위 협정'이 주요 안건으로 떠올랐다. 동슬라보니아는 14세기 이후 오스만 터키의 침입을 피해 피신한 세르비아인의 후예들 60여만 명이 거주하고 있던 지역이다. 1995년 11월 12일, 세르비아 민병대 대표들은 크로아티아 공화국이 동슬라보니아의 세르비아인에 대한 민족 지위를 약속하겠다는 조건을 받아들여, 1991년부터 장악하고 있었던 이 지역을 크로아티아에 귀속한다는 협정에 서명한다.

동슬라보니아 문제가 해결되자, 11월 21일에 보스니아 평화협정이 '데이턴 합의안'이라는 이름으로 가조인되고, 뒤이어 1995년 12월 14일에 파리에서 정식으로 조인된다. 이 평화

협정에 따라 보스니아 공화국의 약 51%에 해당하는 영토는 무슬림과 크로아티아인(보스니아-헤르체고비나 연방)이, 나머지 약 49%에 해당하는 영토는 세르비아인(스르프스카 공화국)이 지배하게 되었다. 보스니아에는 두 개의 정치·사법·행정 체제를 갖춘 하나의 국가가 새롭게 탄생한 것이다.

통상 '보스니아-헤르체고비나 평화를 위한 일반 기본틀 협약(GFAP: General Framework Agreement for Peace in Bosnia and Herzegovina)' 또는 '파리 의정서(Paris Protocol)'란 이름으로 부르는 '데이턴 평화협정'은 포괄 문서 1개와 11개 항목, 102개의 부칙으로 구성되었다. 중요한 내용을 살펴보면 다음과 같다.

첫째, '군사-안보 분야'에서 NATO가 이끄는 보스니아 평화 이행군(IFOR)은 양측 군의 분리를 위한 비무장화 지역을 설치하며, 평화 이행군 지도자는 협정 이행을 위한 공권력을 사용할 수 있다.

둘째, '영토 문제'에서 새로이 수립한 단일 보스니아 국가 안에는 2개의 구성체, 즉 보스니아-헤르체고비나 연방과 스르프스카 공화국으로 구성한다. 또한 통합 수도로 사라예보를 설정하고 고라쥐데Goražde를 비롯한 무슬림 도시들은 '회랑 지대(a land corridor)'[6]를 통해 사라예보와 연결한다. 그리고 세르비아인의 영향력 안에 있던 북부의 브르츠코Brčko와 그 주변의 회랑 지대에 관한 조정 문제는 1년 뒤 배심원의 중재에 따라 결정한다.

셋째, '헌법 구조'에서 보스니아의 중앙정부는 해외 정책,

시민권, 이민 등에 책임을 지며, 정치적으로는 무슬림, 크로아티아인, 세르비아인으로 구성한 세 명의 대통령을 두고 대통령 의장직은 세 명이 교대로 한다. 그리고 대통령 의장직의 첫 번째 임기는 다수 득표를 획득한 후보부터 먼저 한다. 국회는 양원제로 구성하며, 헌법 재판소와 중앙은행을 설치한다.

넷째, '시민 양성'에서 국제 감독 아래 선거를 1996년부터 실시하고, UN 원조 하에 경찰 임무를 수행할 요원들을 훈련하고 양성한다. 그리고 비군사 분야의 활동과 구성은 EU 대표단과 보스니아의 각 민족 정부들(보스니아-헤르체고비나 연방/ 스르프스카 공화국)을 통해 조정한다.

다섯째, '인권, 피난처, 전쟁 범죄에 관한 문제'에서 보스니아의 각 민족들은 보스니아에서 언제든지 이동할 수 있는 자유를 보장하고, 난민들은 고향으로 돌려보낸다. 또한 전쟁범죄와 관련한 사람은 어느 누구도 새로 수립한 보스니아의 정치 활동에 참여할 수 없다. 그리고 보스니아 중앙정부와 각 체제의 지방 정부는 전범기소와 체포에 적극 협조해야 한다.

'데이턴 합의안'에 따라 보스니아는 평화 정착을 위한 4단계 계획 중, 제 1단계인 '정전 준수', 제 2단계인 '내전 무장 세력의 격리', 제 3단계인 '보스니아 총선거를 통한 1국가 2체제 수립'을 무사히 마쳤다. 보스니아는 2009년 현재, '데이턴 합의안'의 마지막인 '통합된 다민족 보스니아 국가 수립'이라는 단계를 남겨놓고 있다.

3년 8개월에 걸친 보스니아 민족 분쟁은 사회주의 유고슬라비아 연방의 실질적인 해체와 수많은 인명 피해, 엄청난 재산 손실을 가져왔다. 또한 최초로 NATO의 역외域外 활동을 일으켜, 이후 발생한 여러 국제 분쟁들에서 NATO군을 동원하는 데 하나의 주요 모델을 제공했다. 또한 UN 설립 이후로 가장 대규모의 UN 평화유지군 출동이라는 기록도 낳았다.

하지만 여기서 우리가 주목해야 할 점은, 보스니아 민족 분쟁이 국제 역학 구도에 커다란 시험과 변화를 요구했다는 것이다. 즉 보스니아 민족 분쟁은 코소보와 마케도니아 등 발칸의 다른 지역에도 분쟁을 확산시켰을 뿐만 아니라, UN에 대한 기초적인 신뢰를 위태롭게 했다. 특히 이 같은 민족 분쟁이 발생할 경우에 EU의 여러 나라들이 힘을 합쳐 문제를 해결할 수 있을지에 대한 회의를 불러 일으켰다.

또한 보스니아 민족 분쟁은 유럽의 중요한 한 축인 발칸 지역을 둘러싼 국제 열강들의 역학 구도에 변화를 불러왔다. 즉, 분쟁의 해결사 역할을 성공적으로 마친 미국은 발칸 지역에 대한 영향력을 더욱 확대할 수 있었던 반면, 전통적으로 영향력을 행사하던 러시아로선 자신의 대외 전략을 수정해야 하는 처지가 되었다.

다양한 민족과 종교, 문화의 모자이크로 상징되던 보스니아는 현재 과거 치열한 민족 분쟁의 아픔을 거두어 내고자 노력하고 있다. 또한 각 민족들의 갈등과 불신을 해소하기 위해 여러 가지 정책과 방법들을 논의하고 있다. 보스니아인들이 민족 분쟁의 아픔을 이겨내고 평화로운 미래를 이룩해 나가기 위해서는 무엇보다도 UN 등 국제기구들과 세계 각국의 관심과 지원이 절실히 필요하다.

코소보에서 일어난 비극

 유럽의 대표적인 분쟁 지역 가운데 하나인 코소보Kosovo에서 겪은 세르비아인과 알바니아인의 비극은 중세에 오스만 터키가 세르비아 왕국을 몰락시키고, 이 지역에 이슬람으로 개종한 상당수 알바니아인들을 대거 이주시키면서부터 시작된다. 코소보는 세르비아 중세 왕국의 발원지이자, 세르비아 독립 정교의 총 본산지가 있던 곳이다. 20세기에 코소보 민족 분쟁이 국제사회에 알려지게 된 것은, 사회주의 시절에 세르비아의 한 자치주로 인정을 받아온 코소보 자치권을 1989년에 세르비아가 강제로 폐지한 뒤부터이다. 그 뒤 코소보 지역 알바니아인들의 시위와 저항, 이에 대한 세르비아 경찰들의 탄압이 꼬리를 물고 이어진다. 그 결과 국제사회의 관심을 받게 되었으며, 마침내 1999년에 미국과 NATO군이 개입하면서 코소보 전쟁이 일어났다.

코소보에 대한 개요

코소보는 세르비아 공화국 안의 남서 지방에 있는 세르비아 자치주 중 하나로 면적은 10,849㎢에 달한다. 쁘리쉬티나Priština가 행정, 경제, 문화의 중심지다. 코소보는 현재 알바니아인들이 추진하는 독립 움직임과 더불어, 1999년 코소보 분쟁 이후 확대된 세르비아인과 알바니아인들 실종자에 관한 5000여 건의 미결 사건들, 알바니아인들과 세르비아인들 사이의 갈등, 세르비아 본국과 코소보의 알바니아 정치 지도부 사이의 불안한 공존 등 많은 정치적 위기 상태가 이어지고 있다.

코소보 안에는 29개의 지방자치 기구가 있으며, 크게는 총 5개의 행정구역(쁘리쉬티나, 페치Peć, 쁘리즈렌, 코소보스카 미트로비차Kosovska Mitrovića, 그닐라네Gnjilane)으로 이루어져 있다. 지리적으로 코소보는 프로클레티예Prokletije 산맥을 따라 알바니아와 그 경계itr루며, 마케도니아와는 세르비아에서 가장 높은 두 개의 봉우리인 제라비짜Deravica와 사르Sar산을 경계로 나누어져 있다. 코소보의 동부, 즉 일명 코소보 지방은 주로 언덕이 많은 지형이며, 천연 지하자원과 광물 자으로 풍부한 편이다. 반면 메토히야Metohija 지방이라 부르는 서부에는 비옥한 경작지가 펼쳐져 있다.

세르비아의 자치주, 코소보의 지리적 위치.

코소보의 강들은 흑해, 아드리아해, 혹은 에게해 분지로 통하고 있다. 이러한 이유로 옛부터 코소보의 강들은 이 지역을 연결하는 중요한 수상 통로가 되었다. 코소보의 고속도로 체계는 크게 두 방향으로 나뉜다. 동부 고속도로는 모라바Morava-바르다르Vardar 방향과 닿은 반면, 이바르Ibar 고속도로는 이 지역의 북서부를 관통한다.

1991년 인구 조사에 따르면 코소보의 거주민 수는 1,956,196명이다. 알바니아계 주민이 1,596,072명으로 이 지역 전체 인구의 82.2%를 차지하며, 세르비아 전체 인구로 볼 때도 17%를 차지하는 등 다수의 민족 분포를 보인다. 그 뒤로 세르비아인이 194,190명, 무슬림이 66,189명, 집시족 45,745명, 몬테네그로계인 20,356명, 터키인 10,446명, 크로아티아인 8,062명, 기타 소수민족 집단이 거주한다. 현재 코소보의 정확한 인구 통계를 확인하기는 어렵다. 그 이유는 이 지역을 둘러싼 민족 간 충돌과 분쟁, 이웃한 국가들의 인구 이동이 대폭 일어났기 때문이다. 한 예로 1998년부터 시작한 코소보 내 알바니아인과 세르비아인 간의 충돌과 분쟁을 들 수 있다. 분쟁의 여파로 1999년에 코소보 전쟁이 일어나 두 민족들이 대규모로 이주한다. 둘째로는 1996년, 이웃한 알바니아에서 일어난 피라미드 금융 사기 사건 때문에 소요 사태와 국가 혼돈에 빠져 상당수의 알바니아인들이 이곳 코소보로 들어왔다는 점이다. 마지막으로는 2001년부터 시작된 마케도니아 내전의 여파를 들 수 있다. 마케도니아에서 발생한 내전의 결과, 서부 마케도니아 지역의 많은 알바니아인들이 코소보로 들어왔다.

2007년 현재 코소보의 법규상으론 알바니아어를 표준어(공식 언어)로 규정하지만, 거주지와 민족 분포도에 따라 세르비아어를 조금 섞어 쓰고 있다. 하지만 언어와 달리 종교 분포도는 복잡한 양상을 보인다. 관습에 따라 세르비아인과 몬테네그로인들은 정교를, 크로아티아인들은 가톨릭을, 알바니아인들과 터키인, 그리고 대다수의 집시들은 주로 이슬람교를 신봉한다.

코소보에서 현대적인 문화 발전의 토대는 주로 1945년 사회주의 유고슬라비아 연방에 이 지역이 편입된 뒤부터 다져졌다고 볼 수 있다. 특히 1970년대 이후 세르비아의 세력 확대를 억누르고자 한 티토와 연방중앙정부의 강력한 지원 정책이 뒤를 이으면서 코소보의 자치권이 크게 확대됐고, 이를 기초로 여러 문화 산업과 기반 시설들이 코소보에 자리 잡는다.

코소보는 다른 여타 유럽 지역에 비해 오랫동안 공업화와 산업화의 영향을 덜 받았다. 따라서 코소보의 경제는 주로 1차 생산품과 지역 생산물에 많이 의존하고 있는 실정이다. 코소보의 메토히야 지방은 비옥한 농경지와 농경수의 역할을 하는 여러 작은 강들이 특징인데, 지중해성 기후와 어우러져 코소보의 농부들에게 풍성한 수확물을 안겨준다. 코소보는 이러한 곡물 산업을 제외하고도 양질의 포도와 과일, 땅콩과 아몬드 생산지로도 유명하다. 소와 양을 비롯한 축산업 또한 매우 발달했다.

하지만 코소보 경제의 특징은 무엇보다도 풍부한 광물과 동력 자원으로 볼 수 있다. 광물 산업은 역사적 기록을 토대로 살펴볼 때, 이미 고대 로마 시절부터 그 가치를 인정받아 개발해왔음을 확인할 수 있다. 특히 중세에는 코소보의 광물 산업이 발전하여 노보 브르도Novo Brdo 지역을 둘러싼 일대가 화폐 주조로 각광을 받기도 했다. 그래서 한때 이 지역을 둘러싸고 주변 국가들이 분쟁을 일으키기도 했다. 이 지역에서 생산하는 양질의 은은 오늘날까지도 세계적으로 상품 가치를 인정받고 있다. 이러한 광물 자원은 코소보의 다른 산업들이 발전할 수 있는 토대를 마련해준다. 이와 더불어 코소보는 주요 광물 자원 중 하나로 다량의 갈탄을 보유하고 있다. 이에 따라 이 지역에는 화력 발전소를 중심으로 하는 에너지 공급 체계를 구축해, 세르비아를 비롯한 주변 국가들로도 다량의 전기를 수출하고 있다. 또한 이 지역에는 많은 온천이 있으며, 의료

시설을 갖춘 사우나 시설도 발달했다. 관광 산업의 또 하나 특징은 중세 세르비아의 역사적 기념물들이라 할 수 있는데, 특히 중세 수도원과 요새들이 유명하다. 중세 세르비아의 주요 도시이자 성지이기도 한 빼치Peć를 포함한 메토히야 지방의 지명은 세르비아 왕조가 이 지역에서 발원한 세르비아 독립정교 수도원에 수여한 이름에서 유래했다.

현재 코소보에는 1999년 코소보 전쟁 이후 UN안전보장이사회가 이 지역의 지속적인 평화를 구축하기 위해 제시한 '1244 결의(Resolution 1244)'를 기초로, '코소보 UN임시행정임무(UNMIK: The UN Interim Administration Mission in Kosovo)' 부서와 NATO가 주도하는 '코소보 평화유지군(KFOR: Kosovo Force)'이 코소보 평화 정착을 위한 UN의 감시 역할과 평화 활동을 진행하고 있다. UN의 '1244 결의'에 따라 코소보 UN임시행정임무단과 평화유지군은 코소보 거주민들의 평화적이며 안정적인 삶을 보장할 의무 이행, 20여만 명에 달하는 추방자들과 망명자들의 방해 없는 귀환 보장, 세르비아에서 코소보에 대한 더욱 폭 넓은 자치권을 부여하도록 유도할 임무를 지닌다. 하지만 이러한 UN의 노력에도 오랜 세기 동안 지속되어온 세르비아인들과 알바니아인들 간의 갈등과 충돌의 여진은 계속 이어질 것이다. 2004년 3월 수백 명의 사상자를 일으킨 미트로비차Mitrivića 지역에서 일어난 민족 간 충돌에서 보듯, 그리고 2008년 2월 코소보의 일방적 독립선언에 대한 적절한 대응책을 마련하지 못하는 등 UN을 비롯한 세계 기구들은 아직까지도 이 지역의 갈등과 분쟁 해결에 별다른 해결책을 제시하지 못하고 있는 실정이다.

코소보 민족 분쟁의 기원

코소보에서 정교도 세르비아인과 이슬람 알바니아인의 민족 갈등은 15세기 이후, 이 지역이 오스만 터키의 지배를 받으면서 시작되었다. 세르비아 남부 산악지대인 라쉬카Raška 공국을 중심으로 발전한 중세 세르비아 왕국은 대족장인 스테판 네마냐Stefan Nemanja 시기에 들어와 국가적 기틀을 마련한다. 영토 확장에 주력한 그는 현재의 코소보 지역을 중심으로 세르비아 중세 왕조의 기틀을 마련하고, 뒤이어 국가와 세르비아 정교 간 강력한 유대 관계를 구축한다. 이후 그의 아들인 스테판 네마니치Stefan Nemanjić 시대에 들어와 비잔틴 제국의 그늘에서 벗어나 세르비아 독립 왕국을 건설하고(1217), 이어 그의 동생인 성 사바Saint Sava의 노력으로 1219년에 세르비아 정교회는 독립 정교로 발전한다. 이때 이후 코소보는 세르비아인에게도 유대인들에게 예루살렘이 지니는 의미와 맞먹는 성스러운 종교적 의미를 지닌다. 세르비아 민족주의의 원천인 중세 세르비아 왕국의 중심이 이 지역에 있었으며, 세르비아인의 정신적 구심점인 세르비아 정교회의 첫 번째 교구가 개설된 장소도 바로 이 지역이기 때문이다.

이후 세르비아의 후대 왕들은 이러한 종교·정치적 안정을 바탕으로 내부 갈등과 분열을 해결하고, 이웃 불가리아와 비잔틴 제국의 압력에서 세르비아 민족의 정체성을 지켜나갈 수 있었다. 특히 세르비아 역사상 가장 위대한 왕으로 칭송 받는 14세기 스테판 두샨Stefan Uroš Dušan 시기에 이르러 세르비아 중세 왕조는 최대의 전성기를 맞는다. 하지만 1355년 46세의 나이로 두샨이 사망하자, 세르비아 왕국은 아들들의 왕권 다툼으로 인한 내부 분열과 오스만 터키의 침입으로 쇠락의 길을 가야만 했다. 특히 1363년과 1371년에 걸친 오스만 터키와 벌인 전투에서 패배한 뒤 오스만 터키의 조공 국가로 전락하는 처지에 이른다. 왕국의 쇠락 속에 세르비아의 라자르Lazar 왕자는 헝가리인, 알바니아인 등 당시 주변 기독교 민족들과 연합해 1389년 6월 현 코소보 언덕에서 무라드Murad 1세가 이끄는 오스만 터키군과 대규모 전투를 벌인다. 하지만 이 전투에서 라자르 왕자의 사망과 함께 10만 세르비아 연합군은 패배했고, 이에 따라 세르비아 민족은 러시아-터키 전쟁의 결과 독립(1878년)을 얻을 때까지 약 500여 년 간의 오스만 터키의 지배를 감내해야만 했다. 코소보 지역이 오스만 터키의 지배를 받으면서 세르비아인들은 현재 세르비아 북부인 보이보디나 지방 혹은 이웃한 크로아티아, 헝가리 등지로 대규모 이주를 했다. 반면 코소보 지역엔 이후 오스만 터키의 장려로 알바니아인들의 이주와 이들에 대한 급속한 이슬람화가 이루어졌다.

코소보 전투 이후 세르비아 중세 왕국의 발원지이자 세르비아 정교의 성지인 코소보는 민족의 위기 때마다 민족정신을 고취시키는 세르비아 민족주의자들의 주요 성지로 자리 잡는다. 실제로 1389년 코소보 전투가 세르비아인들의 민족의식과 세르비아 민족주의 형성에 미친 영향은 매우 컸다. 코소보 전투 이후 이와 관련한 여러 전설들은 훗날 세르비아 민중들에게 민담과 구전문학을 통해 전해졌다. 그리고 오스만 터키를 비롯해 외세의 침입이 있을 때마다 코소보 전투와 그 전설은 세르비아 민족의 저항 정신을 고취시키는 역할을 했다. 대부분의 세르비아 역사학자들은 제 1차, 제 2차 코소보 전투를 웅장했던 세르비아 중세 왕조의 몰락과 이민족의 세르비아 지배가 시작되는 치욕의 역사로 기록했고, 코소보를 세르비아 민족의식과 민족주의의 출발점으로 언급한다.

사회주의 체제에서 일어난 코소보 민족 분쟁

1차 세계대전 이후 코소보는, 최초의 남슬라브족 국가이자 세르비아가 주도하는 '세르비아-크로아티아-슬로베니아 왕국'에 강제로 합병된다. 이를 벗어나고자 코소보의 알바니아인들이 벌인 두 차례의 독립 전쟁은 세르비아 군대의 무자비한 진압으로 실패한다. 2차 세계대전 때 독일과 이탈리아는 '세르비아-크로아티아-슬로베니아 왕국'의 후신인 '유고슬라비아 왕국'을 해체해, 전쟁에 참여한 국가들에게 대가로 나누어준다. 코소보 지역은 대전 초기에는 신생 알바니아 국가에 편입되었다가, 이후 이탈리아의 지배를 받는다. 하지만 2차 세계대전이 끝날 무렵에 사회주의를 내세운 티토의 파르티잔군이 코소보 지역을 점령함으로써, 이 지역은 이후 사회주의 유고슬라비아 연방의 구성 공화국 가운데 하나인 세르비아의 영향력 아래에 다시 놓이게 된다. 이와 함께 알바니아 공산당을 이끌던 엔베르 호자Enver Hoxa가 알바니아의 공산화를 지원하겠다는 티토의 약속을 조건으로 코소보 지역에 대한 영유권을 포기함으로써 알바니아인들의 지위가 다시 한 번 크게 위축된다. 1944년을 비롯해 여러 차례 독립을 요구하는 알바니아인들의 저항이 일어났으나, 그때마다 세르비아인을 주축으로 한 파르티잔군에게 무력으로 진압당한다. 그 이후로 코소보는 사회주의 유고슬라비아 연방에서 세르비아의 한 지방이나 연방의 한 주로 남게 된다.

역사성과 민족 정체성을 보존하기 위해 세르비아는 코소보에서 지배권을 더욱 강화한다. 이 과정에서 코소보의 세르비아인들과 알바니아인들 사이에 끊임없는 갈등과 분쟁이 일어난다. 이러한 갈등과 분쟁은 사회주의 유고슬라비아 연방에서 나름대로 민족 정책의 전환을 가져온 역사적인 사건들과 맞물리면서 이전보다 더 첨예한 대립 양상으로 확대된다. 즉, 세르비아와 알바니아 민족 사이의 대결이 아닌, 사회주의 유고슬라비아 연방을 구성하는 모든 민족들과 중요한 연관성이 있었던 것이다.

사회주의 유고슬라비아 연방 시절에서 코소보 지역의 갈등과 분쟁을 둘러싼 역사적 단계는 크게 네 가지 사건들로 나누어 설명할 수 있다. 첫째로 세르비아 민족의 대변인이자 코소보 내에서 세르비아니즘의 확대를 위해 노력해 온 알렉산다르 란코비치Aleksandar Ranković의 1966년 티토 관저 도청 사건을 들 수 있다. 1960년대 이후 연방에서 전개한 일련의 개혁 정책들이 민족주의 움직임으로 확대하려 하자, 란코비치는 자신이 이끄는 비밀경찰(UDB-a)을 통해 이러한 일련의 시위와 민족주의 활동들을 조사한다. 그는 특히 '코소보-메토히야 지방'[7]에 있는 알바니아 민족주의자들의 활동에 많은 관심을 가졌다. 세르비아인들에게 이 지역은 중요한 성지였다. 그런데 계속해서 알바니아인들이 늘어나면서 알바니아 민족주의가 확대되는 조짐을 보이자, 란코비치는 세르비아인들의 영향력 감소를 막기 위해 알바니아인에 대한 탄압과 테러를 자행했다. 하지만 비밀경찰의 지나친 간섭과 탄압은 알바니아인들뿐만 아니라 연방의 당과 군대 안에서도 반발을 일으켰다. 마침내 티토는 군 정보국에서 직접 란코비치와 비밀경찰의 활동을 은밀히 조사하라고 지시했다. 조사 과정에서 군정보국은 란코비치가 당 고위 관료들, 심지어 티토의 관저까지 도청하고 있다는 사실을 알아냈다.

1966년 7월, 아드리아해 이스트라Istra 반도 인근의 휴양지인 브리오니Brioni 섬에서 이 문제를 논의하기 위해 당 고위회의가 열렸다. 여기서 란코비치는 사조직을 통한 비밀경찰 운영과 도청 남용 등의 죄목으로 2차 세계대전 때 얻은 각종 직위와 함께 모든 공직을 박탈당한다. 란코비치 사건은 세르비아 민족주의자들의 활동과 세르비아니즘의 확대를 크게 위축시켰다. 반면 코소보의 알바니아인들에게는 커다란 힘이 되었다. 그 결과 코소보는 마침내 1968년 헌법 수정을 통해, 단순히 세르비아의 한 지역을 뜻하는 '코소보-메토히야'에서 '코소보 사회주의 자치주'로 승격했다. 더불어 알바니아 국기와 알바니아어 사용, 알바니아 역사 교육을 인정받는 등 폭넓은 자치권을 획득한다.

둘째 사건으로는, 티토 사후를 대비하고 다민족 국가인 사회주의 유고슬라비아 연방을 유지하기 위한 일환으로 채택한 '1974년 신헌법'을 들 수 있다. 1966년 란코비치 사건과 1971년에 일어난 크로아티아 '자그레브의 봄' 사건을 거치면서, 티토는 자신이 죽은 뒤의 연방 존속을 위해 1974년에 신헌법을 제정했다. 여기에서 각 공화국의 평등한 권리에 바탕을 둔 '집단 대통령제' 도입과 이를 뒷받침할 여러 제도들을 정비했다. 406항과 300여 쪽에 달하는 신헌법은 세계에서 가장 복잡하고 긴 헌법 가운데 하나이다. 기본적으로는 사회주의 유고슬라비아 연방의 유지를 전제로 하되, 기존의 '연방(federation)' 형태에서 일종의 '연합(confederation)'의 형태에 더 비중을 둔 헌법이다. 이에 따라 연방 정부는 국방, 외교, 거시 경제만 책임지고, 나머지는 각 공화국들에게 상당한 자율성을 준다. 또한 세르비아의 코소보와 보이보디나 자치주에도 공화국과 동등한 권리를 부여함으로써 세르비아의 영향력을 억제하고자 했다. 하지만 1968년의 자치권 부여 이후 코소보의 자치권이 더욱 확대되자, 세르비아인들의 민족적 피해 의식은 더욱 증폭되었다. 티토가 죽은 뒤, 마침내 1974년 헌법 존속에 대한 격렬한 논쟁이 일어났다. 그리고 밀로셰비치는 1989년에 세르비아 대통령에 당선된 직후, 1974년 헌법과 코소보의 모든 자치권을 폐지해버렸다.

셋째 사건으로는, 1980년 5월 티토의 사망 이후 급속하게 퍼진 코소보에서 일어난 알바니아 민족 시위와 공화국 지위 요구를 들 수 있다. 1960년대 이후 사회주의 유고슬라비아 중앙정부는 코소보 알바니아인들의 경제·사회적 불만과 민족적 지위 요구를 완화하기 위해, 이들에게 경제 발전을 위한 자금 지원에 주력했다. 하지만 이 지원으로 교육받고 자란 알바니아의 지식인과 중산층들은 1980년대 이후에 알바니아 민족주의를 주도하는 세력으로 성장했다. 그리고 코소보의 쁘리쉬티나 대학교는 알바니아 민족주의 운동의 중심지가 되었다. 1970년대 말에 들어와 연방 경제가 어려워져서 쁘리쉬티나 대학의 상당수 졸업생들이 직장을 구하지 못했다. 고등실업자 증대, 경제적 어려움, 정부 지원의 축소, 세르비아와 알바니아 민족 간의 빈부貧富 격차 확대는 코소보 사회의 불안과 동요를 불러왔다. 이런 상황에서 코소보의 세르비아인들은 경제적으로 좀 더 나은 세르비아 본국으로 이주하기 시작했다. 그 결과, 1961년 인구통계지표에서 23.6%를 차지하던 코소보의 세르비아인이 1981년 조사에선 13.2%로 줄어들었다. 즉 연방 성립 이후, 점차 코소보에서 세르비아인들의 슬라브적 요소는 계속 반감되었던 것이다. 이것은 코소보 지역을 신성시해왔던 세르비아인들의 입장에서는 매우 자존심이 상하는 것이었다. 반대로 다수를 차지하고 있던 알바니아인들 사이에서는, 코소보에 남아 있는 소수의 세르비아인들이 공무원, 군, 경찰, 당 관료, 의학, 법조계 등 주요 상위그룹에서 활동하는 데 대한 피해 의식과 불만이 확대되었다. 티토가 죽자, 이러한 알바니아인들의 피해 의식과 불만은 세르비아인들에 대한 폭행과 테러로 급격하게 표출되었다.

1980년 5월, 티토 사망 이후 일어난 코소보의 알바니아 폭동 주동자들은 '민족주의자'라는 죄목으로 장기간 투옥을 판결 받는다. 이러한 판결은 그동안 쌓여온 쁘리쉬티나 알바니아 대학생들의 불만을 촉발시켰다. 1981년 3월, 마침내 학생 기숙사의 빈약한 주거 조건과 학생들의 취업 문제에 항의하는 쁘리쉬티나 대학생들의 대규모 시위가 발생했다. 이어서 알바니아 노동자들과 시민들이 가세하면서 상황은 급변하기 시작했다. 시위대는 코소보의 세르비아인들과 몬테네그로인들에 대한 테러를 공개적으로 자행하면서, 이들이 코소보를 떠날 것을 요구했다. 그리고 동등한 시민권과 부의 평등, 정치범 석방 등을 주장했다. 곧이어 시위대의 요구는 코소보 자치 공화국 수립과 더불어 마케도니아의 알바니아인들과 연합해 독립한 후 이웃 알바니아로 합병할 것 등으로 확대되었다. 이러한 요구는 세르비아인들과 주변 국가들을 자극했다. 이들 시위대에 대해 세르비아 경찰이 강력하게 진압했고, 유혈 사태가 발생했다. 이 소식은 알바니아인들을 더욱 자극했고, 코소보 전역으로 저항 움직임이 확대되기 시작했다. 드디어 코소보에 계엄령을 선포되었다. 모든 교통과 통신은 두절되었고, 쁘리쉬티나에 야간 통행 금지와 5인 이상의 집회 금지령이 발효되었다. 코소보의 알바니아 민족주의에 동조한 세력과 코소보 독립을 요구한 이들이 대규모 숙청을 당했다. 하지만 코소보 문제는 계속해서 세르비아인들의 피해 의식을 확대시켰다.

마지막으로 사건으로는 1987년 코소보 언덕에서 밀로셰비치가 한 세르비아니즘의 재천명 그리고 이에 따른 그의 정치적 부상과 1989년 코소보 자치권 폐지를 들 수 있다. 1985년 5월, 세르비아 민족주의의 주요 대변 단체인 '세르비아 과학예술아카데미(SANU)'에서 유고슬라비아 현실에 대한 통렬한 비판과 함께 티토를 반反세르비아주의자로 규정하는 사건이 발생했다. 이 단체에서는 특히 티토가 철저히 세르비아를 억압, 분할하기 위한 전략적 차원에 1974년 신헌법을 만들었다고 주장했다. 그리고 분리를 요구하는 코소보의 알바니아인들에 대한 강력한 진압 촉구와 코소보와 크로아티아에 있는 세르비아 소수민족들의 권익 보호를 요구했다.

한편 1987년 8월 24일과 25일에 걸쳐 코소보의 알바니아 폭동의 진상을 조사하러 온 밀로셰비치는 코소보 언덕에 모여든 세르비아 민중들을 향해 세르비아 민족주의에 대한 그의 이상을 역설한다. 이 사건은 민족적 피해 의식에 사로잡힌 세르비아인들에게는 알렉산다르 란코비치 이후 새로운 세르비아니즘 대변자의 탄생으로 비쳐졌다. 그러나 연방의 다른 민족들에게는 세르비아니즘의 확대로 인한 공포를 확산시키는 계기가 되었다. 세르비아를 제외한 여타 공화국들의 강력한 비난 속에서 밀로셰비치는 몬테네그로와 보이보디아, 코소보에서 연일 관제 데모를 유도했고, 이어 이들 지역에 기존 정치세력 대신 세르비아니즘 확대에 동조하는 세력들을 넓혀 갔다. 이와 더불어 1989년엔, 1974년 신헌법을 개정하고 코소보와 보이보디나에 대한 자치권을 폐지했다. 코소보 자치권에 대한 폐지는 곧이어 코소보 알바니아인들의 강력한 저항을 낳았다. 계속된 저항과 이에 대한 강력한 진압 속에 1990년 2월에는 다시 30여 명의 알바니아인들이 사망하는 사건이 발생했다. 알바니아인들의 저항이 더욱 거세지자 세르비아 공화국은 코소보의 모든 공공기관을 폐쇄하고 언론을 장악했으며, 이어 자체적인 민병대를 조직해 코소보의 세르비아인들을 보호했다.

당시 코소보의 상황은 연방의 다른 공화국, 특히 세르비아니즘의 확대에 부정적인 입장을 강하게 갖고 있었던 크로아티아와 슬로베니아의 연방 탈퇴 움직임을 가속화하는 계기가 되었다. 코소보에서 계속된 유혈 진압과 밀로셰비치의 세르비아니즘 확대 천명에 대해 슬로베니아와 크로아티아의 여러 신문과 잡지 그리고 지식인들은 이를 비난하는 논문과 글들을 계속해서 실었다.

1990년 1월 공산당대회에서 향후 유고슬라비아의 정치체제 구성에 대한 논의가 도마에 올랐다. 세르비아 주도의 연방

유지를 주장하던 세르비아 공화국과 연방의 정치 체제를 유럽연합과 같은 느슨한 연합 체제로 전환할 것을 주장하던 슬로베니아, 크로아티아 공화국 사이에 격론이 일어났다. 이어 연방 유지의 한 축이던 공산당의 기능이 정지되었다. 그리고 연방을 구성하는 6개 공화국 모두 전후 최초의 복수정당제 자유 선거를 실시했고, 이 선거에서 각 공화국마다 공산당이 대패하고 민족주의 정당들이 출현했다. 이로써 사회주의 유고슬라비아 연방은 사라진다.

사회주의 유고슬라비아 연방에서 일어난 코소보에 관한 사건들은 주로 세르비아의 세르비아니즘 확대와 이에 대한 타민족들의 저항에서 비롯한 것이다. 즉 코소보 알바니아인들의 민족적 지위와 자치권 확대는 세르비아인들의 입장에선 자신들의 기득권 억제와 영향력 감소를 의미했다. 반면 크로아티아인들과 슬로베니아인들은 세르비아니즘의 확대를 억제하는 것이 연방에 있는 모든 민족의 평등과 연방 유지를 위해 필수적이라고 인식했다. 세르비아니즘을 기초로 코소보에서 기득권과 역사적 정통성을 지키려는 세르비아인들과 이 지역을 자민족이 중심이 된 순수한 알바니아 자치 국가로 만들려는 알바니아인들 사이의 민족 갈등이 더욱 깊어졌다. 마침내 1999년 3월, NATO군이 코소보 알바니아인들의 인권 수호를 명목으로 코소보와 세르비아 본토를 공습함으로서, 발칸 지역은 보스니아 분쟁 이후 다시 한 번 국제적인 관심을 받는 분쟁 지역으로 떠오른다.

코소보 전쟁의 전개 과정

1991년 6월, 슬로베니아와 크로아티아의 연방 탈퇴와 독립 선언 그리고 1992년 3월, 보스니아의 독립 선언과 보스니아 내전 발발은 사회주의 유고슬라비아 연방의 해체를 불러왔다. 같은 해 4월, 세르비아는 몬테네그로와 함께 신유고 연방을 결성한다. 이러한 혼란 가운데 코소보의 알바니아인들은 1991년, 코소보의 독립을 묻는 투표를 실시했다. 이어 알바니아 자치 의회는 코소보의 독립을 선언하고 1992년에 의회와 대통령 선거를 실시해 이브라힘 루고바Ibrahim Rugoba를 코소보의 대통령에 임명한다. 하지만 세르비아는 이 모든 것을 불법으로 간주해, 세르비아계가 주도하는 새로운 선거를 실시했다. 그러나 이때 선출된 세르비아계 권력 또한 알바니아인들의 인정을 받지는 못했다.

1995년 보스니아 분쟁을 종결하는 '데이턴 합의안'을 체결할 당시, 코소보의 알바니아인 문제는 합의안의 주요 당사자인 밀로셰비치의 강력한 반발로 의제에 오르지도 못했다. 보스니아 평화안이 실시되면서 미국과 서구의 발칸유럽에 대한 관심은 크게 줄어들었다. 그 과정에서 코소보의 알바니아인들이, 1997년 이웃 알바니아에서 무장 폭동으로 유출된 각종 무기를 대거 구입해 무장 단체인 '코소보 해방군(KLA: Kosovo Liberation Army/ UCK: Ushtria Clirimtare e Kosovës)'을 결성했다. 이후 알바니아 무장 단체가 세르비아계를 학살하고 이를 보복하는

코소보 전쟁으로 무너져 내린 건물.

세르비아 경찰 부대 간의 유혈 충돌이 계속되면서 민간인 피해가 속출했다. 이런 상황에서 코소보의 알바니아계는 UN에 코소보 민족 갈등을 중재해줄 것을 요청한다.

1989년 자치권 폐지 이후 확대된 코소보 민족 갈등과 유혈 충돌 사태는 1998년 2월 28일, 이 지역을 순찰하던 세르비아 경찰 4명이 코소보 해방군에게 살해되면서 좀 더 복잡한 양상이 된다. 이 사건 이후 세르비아 경찰은 코소보의 알바니아 무장 단체에 대한 보복과 진압을 확대했고, 이를 계기로 코소보의 민족 갈등은 국제적 관심거리로 떠오른다. 이에 따라 1998년 6월 보스니아 평화안 발표 이후 해제되었던 세르비아에 대한 경제금수조치가 다시 내려졌고, 코소보에서 세르비아 경찰 부대 퇴각을 조건으로 한 군사 대응이 논의되기 시작했다. 이후 밀로셰비치는 국제적 압력에 굴복해, 공습 예고 하루 전날인 1998년 10월 13일에 경찰 부대를 세르비아 본토로 철수시켰다.

하지만 1999년 초에 코소보 유혈 충돌이 다시 재현되자, 서구는 코소보 문제 해결을 위한 6개국 관계 그룹(Contact Group: 미국, 영국, 독일, 프랑스, 이탈리아, 러시아)을 결성했다. 이어 코소보 평화를 위한 회담을 프랑스 파리 인근의 랑부예에서 여러 차례 열었다. 1999년 2월 6일부터 23일까지 계속된 랑부예 협상에서 세르비아와 알바니아 대표단은 협상안의 주요 내용에 많은 문제점이 있다며 협상을 거부했다.

협상안의 여러 내용 가운데 가장 걸림돌이 된 것은 크게 두 가지이다. 첫째는 '코소보 독립 문제를 3년 뒤에 논의한다'는 안이고, 둘째는 '코소보에 NATO군을 중심으로 한 국제평화유지군을 주둔시킨다'는 내용이다. 알바니아계는 "코소보의 독립을 더는 미룰 수 없다"며 첫째 안에 반대했다. 세르비아는 "코소보 문제는 주권의 문제로 국내 문제 발생 때문에 자국 영토에 외국 군대를 주둔시킬 수는 없다"는 이유를 들어 둘째 안에 반대했다.

이러한 반대에도 미국과 서구는 계속해서 압력과 군사적 위협을 가한다. 마침내 미국을 방문하고 돌아온 코소보 알바니아계 대표단은 1999년 3월 18일, 랑부예에서 결정한 평화안에 대해 조건 없이 서명을 한다. 반면 세르비아 대표단은 타협안으로, 미국이 중심이 된 NATO군 대신 UN이 주도하는 평화유지군의 코소보 주둔을 제안한다. 하지만 미국과 NATO는 세르비아의 이러한 제안을 세르비아가 평화안을 거부한 것으로 받아들이고 세르비아에 대한 군사적 대응을 선언한다. 미국은 마지막으로 홀부르크 특사를 세르비아에 파견해 밀로셰비치와 협상을 벌인다. 하지만 협상은 별 다른 성과 없이 끝난다. 미국은 UN안전보장이사회의 결의 없이 1999년 3월 23일, NATO군에게 세르비아와 코소보에 대한 공습을 지시한다.

NATO군이 일으킨 코소보 전쟁은 NATO의 기존 '방위적 전략 개념'이 '공격적 전략 개념'으로 전환했음을 의미했다. 또한 이를 위한 최초의 시험 무대로 코소보와 세르비아 본토를 선택했음을 의미하는 것이기도 했다. 하지만 공습 기간이 장기화되면서 비용 부담이 커지고, 전쟁이 클린턴 대통령의 성추문 사건을 무마하기 위한 전략적 선택이었다는 비난이 확대되면서, 미국과 NATO는 전쟁 수행에 많은 어려움을 겪는다. 세르비아도 공습으로 인한 인명 피해와 경제적 피해가 계속 늘자 타협할 실마리를 찾고자 노력한다. 결국 러시아의 중재로 양측은 1999년 6월 10일, 코소보에서 세르비아군의 즉각 철수, UN평화유지군의 코소보 주둔을 원칙으로 하는 코소보 평화안에 합의한다. 이로써 79일간의 코소보 전쟁이 마침내 막을 내린다.

코소보 전쟁의 의미와 그 영향

코소보 분쟁의 당사자인 세르비아인들과 알바니아인들은 코소보 전쟁이 끝난 이후에도 코소보의 진로를 둘러싼 시각 차이로 많은 어려움을 겪고 있다. 무엇보다도 코소보 문제가 두 민족만의 합의로 끝날 수 있는 사안이 아니라는 데 문제의 심각성이 있다. 코소보 분쟁이 확대되면서 1990년대 이후 극단적 알바니아 민족주의로 치달은 이웃 알바니아와, 인구 200여만 중 알바니아 민족이 적게는 22%~30%를 차지하는 이웃 마케도니아에선 연일 코소보 알바니아인들의 독립을 요구하는 시위가 발생했다. 이를 빌미로 세르비아 정부는 코소보 분쟁 이후 격화된 대大알바니아주의가 세르비아뿐만 아니라 발칸유럽 국가들의 분쟁 확대로 이어질 것이라고 경고해왔다. 즉 발칸유럽 내 알바니아인들의 민족주의 연대 움직임은 주변 국가들(세르비아, 그리스, 마케도니아, 불가리아, 터키 등)과 외교적 연결 고리를 따라 거대한 국제 문제로 확대될 가능성을 내포하고 있다는 것이다. 코소보 알바니아인의 독립 요구는 2001년 마케도니아 내전을 통해서 알 수 있듯이, 서부 마케도니아 알바니아인들의 독립 요구로 이어질 것이고 또한 그리스 서·북부, 세르비아 남부, 몬테네그로 동부에 거주하는 알바니아인들을 자극할 것이라는 주장이다. 실제로 발칸의 여러 국가와 민족들은 세르비아의 이러한 주장에 공감하고 있다. 이 점이 서구가 코소보 분쟁에 적극적으로 참여할 것을 요구했는데도 그리스와 마케도니아 등이 소극적인 자세로 나온 이유이기도 했다.

코소보 전쟁이 진행되면서 미국과 서구는 NATO군의 코소보 공습이, 미국이 공습의 이유로 내세운 '소수민족의 인권 문제'가 아닌 '스캔들로 인한 클린턴 행정부의 위기 탈출용'이라는 비난을 받아야 했다. 이와 더불어 NATO 창설 50주년을 맞이하는 시점에 유럽 내에서 제기되던 NATO군 해체설에 대응하기 위해, 미국이 주도하는 NATO의 역할과 위상 변화-무기력증을 보이는 UN군을 대신해 세계 분쟁 지역에서 NATO군의 즉각적인 개입과 해결-라는 전략적 전환 측면이 더 큰 목적이라는 평가도 들어야 했다. 따라서 미국은 러시아와 중국이 대표하는 공습 반대 국가들로부터 코소보 공습이 '인권을 가장한 주권 침해 행위'였다는 비난을 감수해야 했다.

이러한 공습 의도 때문이었는지 모르나, 전쟁이 끝난 지금까지도 코소보는 민족 문제를 해결할 별다른 실마리를 찾지 못하고 있다. 여전히 코소보를 자신들의 성지이자 중세 국가 발원지로 중요하게 여기는 세르비아인들과, 미국의 전략적 지지를 바탕으로 독립국가를 건설하고 나아가 이웃 알바니아와 함께 대大알바니아주의를 실현하려는 코소보 알바니아인들 사이의 긴장과 분쟁이 계속해서 이어지고 있다.

코소보 전쟁이 끝난 직후, 세르비아인들은 알바니아인들의 보복을 피해 대거 세르비아 본토로 이주했다. 이에 따라 대부분의 코소보 지역은 알바니아인들의 관할로 넘어갔다. 그러나 코소보 제3의 도시이자 세르비아의 군사·경제적 전략 도시인 미트로비차만큼은 이바르Ibar강을 경계로 북부의 세르비아인들과 남부의 알바니아인들 사이에 여전히 긴장이 흐르고 있다. 코소보 전쟁 종결 이후 현재까지, 두 민족의 충돌로 이 지역에서만 약 600여 명의 사상자가 발생했다. 하지만 무엇보다 더 큰 문제는 이러한 두 민족의 충돌을 막고 치안을 유지해야 할 코소보 평화유지군(KFOR)이 그 역할을 제대로 수행하지 못한다는 데 있다. 실제로 코소보 평화유지군은 2000년 3월 세르비아인들에 대한 알바니아인들의 폭탄 테러와, 2004년 3월 수백 명의 사상자 발생 등 양측 간에 일어난 보복과 살해에 대해, 이바르강을 경계로 두 민족을 분리하는 것 말고는 별 다른 조치를 취하지 못하고 있다. 오히려 테러와 보복 소식이 코소보 전역에 알려지면서 이바르강을 경계로 각 민족주의자들이 집결했고 평화유지군이 중간에서 양측의 공격을 받는 상황까지 이르렀다.

이처럼 코소보 민족 분쟁은 1999년, NATO군의 공습 종결에도 현재까지 끊이지 않고 있으며, 2008년 코소보 알바니아계의 일방적 독립선언 이후 이에 대한 국제사회의 인정 여부가 갈라지고 있는 현 상황을 통해 확인해 볼 때, 향후 이 지역의 문제 해결이 쉽지 않을 것으로 보인다. 그 이유는 다음과 같은 4가지 문제점 때문이다. 첫째는 코소보가 서구 강대국들의 이해관계가 첨예하게 충돌하는 지역이기 때문이다. 실제로 공습 이후에도 이전처럼 이 지역과 발칸유럽을 둘러싸고 강대국들 사이의 영향력 다툼이 이어지고 있다.

둘째는 세르비아인들의 피해 의식 때문이다. 세르비아인들은 지금까지도 계속해서 미국의 코소보 공습이 주권 침해 행위였음을 강조한다. 특히 공습 이후 알바니아인들의 세르비아계에 대한 역보복은 세르비아 민족주의를 더욱 자극했다. 이러한 결과는 미국과 NATO가 공습 이유로 내세운 소수민족의 인권 문제가 형평성을 잃었다는 지적을 낳고 있다.

셋째는 모순 같지만, 반反이슬람 성향을 띠는 상당수의 유럽 국가들과 세르비아가 공동의 목표, 즉 이슬람 국가 수립 반대라는 목표를 지니고 있다는 점이다.

넷째는 코소보 공습이 UN을 배제한 미국과 NATO의 독자적인 결정이었다는 점이다. 즉, 이 지역 문제를 해결할 주체가 누구인지를 둘러싼 혼선이 계속해서 나타날 것이라는 점이다. 실제 1999년 코소보 전쟁은 UN 등 여러 국제기구들의 반대를 무릅쓴 미국과 NATO의 일방적인 공습이었다는 측면에서, 국제법상의 많은 문제를 낳았고 UN의 위상을 추락시켰다.

마케도니아 민족 분쟁

동유럽의 대표적인 민족 분쟁 지역 가운데 하나인 마케도니아는 민족 간 문화 갈등과 분쟁을 완전히 종결하지 못한 채, 현재에 이르고 있다. 마케도니아는 발칸유럽의 중앙에 있으면서 주변 국가들로부터 오랫동안 민족 정체성 논쟁에 시달려왔다. 마케도니아는 대외적으로 1991년 9월, 독립선언 초기부터 국기와 국호 사용 문제를 둘러싸고 그리스와 심각한 갈등과 충돌을 겪어야 했다. 대내적으로는 독립 선언 뒤 이슬람 알바니아인들과 정교도 마케도니아인들 사이의 심각한 종교·문화적 충돌을 겪어야 했다. 이러한 충돌이 2001년 3월 마침내 내전으로 확대되면서 마케도니아는 현재 심각한 국가 존립의 위기를 맞고 있다. 무엇보다도 마케도니아를 둘러싼 이러한 위기감 증대는 1차 세계대전 직전, 마케도니아 영토를 둘러싸고 발생한 1차, 2차 발칸전쟁(1912, 1913)이 다시 재발할 수도 있다는 우려를 낳고 있다.

마케도니아에 대한 개요

마케도니아는 유럽 동남부 발칸 반도 내륙 북부의 가장 중앙에 자리 잡은 산악 국가이자, 바다와 닿지 않는 내륙 국가이다. 마케도니아는 북쪽으로는 세르비아 본토와 코소보, 동쪽으로는 불가리아, 남쪽으로는 그리스, 서쪽으로는 알바니아 국경과 맞닿아 있다. 마케도니아의 면적은 총 25,713㎢로 한반도의 약 1/8이다. 마케도니아는 산악지형으로 깊은 계곡과 분지가 많고, 영토 대부분이 해발 고도 2500m대의 산지와 600~900m에 이르는 고원 지대이다(해발 2000m 이상인 봉우리가 34개나 있음). 마케도니아의 최저 지대는 수도인 스코쁘예 Skopje를 관통해 마케도니아의 북에서 남으로 가로질러 그리스 테살로니카의 흑해 연안으로 빠져나가는 바르다르Vardar 강(50m)이며, 최고 지대는 코라브 산으로 2,753m이며, 티토브 브르흐Titov Vrv는 2,748m에 달한다.

1991년 공식 인구조사에 따르면 마케도니아의 인구는 204만여 명이었고, 1994년의 비공식 인구 조사에 따르면 208만여 명에 달한다. 마케도니아의 평균 인구 밀도는 1㎢당 80.7명이며, 평균 수명은 남자가 70.4세, 여자가 74.71세로 높은

마케도니아의 지리적 위치와 경계.

편에 해당한다. 공화국 내 인구의 58.1%는 도시에 거주하며, 수도인 스코쁘예에는 약 45만 명이 거주한다. 주요 도시로는 비톨라Bitola, 쿠마노보Kumanovo, 쁘리레쁘Prilep, 테토보Tetovo, 벨레스Veles, 오흐리드Ohrid등을 들 수 있다.

1994년의 인구조사에 따른 마케도니아의 인종 구성을 살펴보면, 66.43%(1,378,687명)가 마케도니아인, 23.08%(478,967명)가 알바니아인, 3.9%(81,615명)가 터키인이다. 그밖에도 소수민족으로 47,408명의 집시, 39,865명의 세르비아인, 8,571명의 왈라키아인과 여타 민족들이 거주한다. 종교 분포를 보면, 마케도니아 거주자의 66.66%(1,355,816명)가 정교를 믿고, 이슬람교 신봉자들은 30.06%(611,326명), 로마 가톨릭 교도들은 0.49%(10,067명), 여타 2.79%는 다른 여러 종교를 신봉하고 있다.

마케도니아의 공식 언어는 마케도니아어로 인구의 약 70% 정도가 사용한다. 뒤를 이은 소수 언어로 알바니아어가 약 21%, 터키어가 3%, 세르비아어가 3%가량 사용되고 있다. 마케도니아어 표기는 키릴 문자와 라틴 문자 모두 인정하지만 키릴 문자의 사용이 더 우세한 편이다. 일부 논쟁의 여지가 있지만, 역사적으로 볼 때 현재 마케도니아에 거주하는 마케도니아인들은 고대 그리스어를 사용한 마케도니아인들과 전혀 관련이 없는 슬라브계 마케도니아인들이라 할 수 있으며, 언어에선 오히려 불가리아어에 매우 가깝다. 마케도니아어의 방언은 지역에 따라 크게 서부 마케도니아어와 동부 마케도니아어 등으로 나뉜다.

마케도니아의 역사

마케도니아Macedonia는 고대 이 지역에 살았던 부족들을 가리키는 말로, '키 큰 사람들'이란 뜻을 지닌 그리스 말에서 유래했다. 이 명칭은 점차 이 지역에 거주하는 부족들을 가리키는 것 말고도 이 지역을 지칭하는 지리적인 개념으로 확대되었다. 6~7세기, 슬라브족이 이곳에 정착하기 이전 마케도니아 지역에 거주한 고대 마케도니아인은 초기 역사의 대부분을 주변 세력, 특히 그리스의 지식과 사회, 문화의 영향을 받으며 성장했다. 당시 마케도니아인들은 왕국을 수립하기 이전, 이 지역에 작은 연합 부족의 형태로 흩어져 거주했으나, 필립

Philip 2세(BC 359~BC 336) 시기에 들어와 발전의 토대를 마련한다. 그는 펠로폰네소스 전쟁 이후 분열된 그리스 도시국가들의 당시 상황을 이용해 그리스의 영향권에서 벗어나 마케도니아의 부족들을 모아 나갔고, 이후 성공적인 군사 활동을 통해 발칸반도 남부의 대부분 지역을 차지한다. 또한 필립 2세의 아들인 알렉산더 대왕(Alexander the Great: BC 336~BC 323)은 발칸 반도 장악 이후 마케도니아인과 그리스 원정대를 이끌고 페르시아 제국과 이집트를 점령해 유럽과 아시아, 아프리카에 걸친 광활한 제국을 건설한다. 하지만 알렉산더 대왕의 죽음 이후 마케도니아 왕국은 분열을 거듭해, 서기 167년에 로마의 지배를 받는다. 이어 395년에 로마 황제인 테오도시우스Theodosius가 죽고 로마 제국이 그의 아들들 때문에 동·서 로마로 분리된 이후, 마케도니아는 다시 동로마(비잔틴제국)의 지배를 받는다.

로마와 비잔틴제국의 지배를 거치면서 마케도니아에 거주한 상당수의 주민들은 기독교로 개종했다. 이러한 마케도니아인들의 기독교 개종은 기원전 6세기 이후 이 지역으로 이주해서 마케도니아인들과 함께 거주하기 시작한 슬라브족들(불가리아, 세르비아)에게도 영향을 미치기 시작했다. 마케도니아로 이주한 슬라브족들은 점차 발칸유럽에 새로운 정착촌을 건설했고, 비잔틴 제국은 마케도니아를 둘러싸고 세력을 확대하려는 이들 슬라브족들과 서로 빈번한 충돌을 해야만 했다. 904년, 마케도니아는 당시 발칸유럽의 새로운 맹주 국가로 등장한 제

1불가리아 제국의 지배를 받는다. 이후 1014년 클레이돈 Kleidon전투에서 비잔틴 제국이 승리함으로써 마케도니아는 비잔틴 제국에 완전히 복속된다. 이것은 13세기 세르비아 중세 왕조가 이 지역으로 세력을 확대하기 이전까지 이어졌다.

중세 세르비아의 최대 전성기를 이룬 두샨왕 시기에 마케도니아 지역을 차지한 세르비아는 고대 그리스 문화와 유적이 남아 있고 발칸유럽의 슬라브인들이 기독교의 성지로 여긴 이 지역에 많은 관심을 보였다. 따라서 1346년, 오늘날 마케도니아의 수도인 스코쁘예에서 '세르비아와 보스니아, 그리스의 왕'으로 추대된 두샨은 이후 수도를 현재 마케도니아 서남부에 있는 오흐리드로 확정하고 계속된 정복사업을 통해 국경을 북으로는 헝가리, 남으로는 비잔틴 제국까지 넓힌다. 하지만 두샨의 죽음 이후 세르비아 중세 왕국은 계속된 국론 분열로 세력이 약화된다. 이후 마리짜Marica강 전투에서 세르비아를 중심으로 한 기독교 연합군이 오스만 터키군에게 패배함에 따라 마케도니아는 오스만 터키 제국에 넘어간다.

중세 마케도니아의 종교와 문화는 비잔틴 문명 밑에서 발전했으며, 이에 대한 자부심은 19세기 이후 '마케도니아 민족국가'를 수립하려 한 마케도니아 민족주의자들을 자극한다. 하지만 이러한 민족주의자들의 의도는 1878년 3월, 산스테파노 조약과 같은 해 6월, 베를린 조약을 통해 오스만 터키에게서 독립한 주변의 불가리아, 그리스, 세르비아가 마케도니아 지역으로 영토를 확대하는 것에 관심을 보임에 따라

좌절된다.

1902년 마케도니아인들은 1878년 베를린 조약에 따라 마케도니아가 다시 터키 밑으로 들어가게 된 조약의 부당성과 터키의 지배에 저항하는 대대적인 운동을 일으켰다. 이러한 저항은 터키의 무자비한 진압에도 불구하고 1903년에 들어와 마케도니아 전 지역으로 넓게 확대했다. 이후 1912년부터 1913년 사이에 일어난 두 차례의 발칸전쟁은 마케도니아 지역에 대한 오스만 터키의 통치 종식을 불러왔으며, 이 지역이 주변 발칸 국가들에 의해 최종 분할되는 결과를 부른다. 그리스는 전체 마케도니아 지역 중 주로 에게-마케도니아Aegean-Macedonia라 부르는 남부 지역을 차지했고, 세르비아는 북부와 중부 마케도니아를 남부 세르비아라는 이름 아래 왕국으로 편입시켰다. 이에 반해 발칸전쟁 이전 이 지역에 종주권을 행사해온 불가리아는 단지 동부 마케도니아의 작은 부분만을 얻는 데 만족해야 했다. 이것은 이후 계속해서 마케도니아 지역을 둘러싼 주변 국가들과 민족 갈등의 배경을 형성한다.

1차 세계대전 종결 이후 마케도니아는 세르비아가 주도한 남슬라브 통합 국가인 '세르비아-크로아티아-슬로베니아 왕국'으로 편입된다. 이후 마케도니아인들은 세르비아 동화 정책과 이주로 인해 정체성 상실의 위기를 맞는다. 하지만 2차 세계대전 이후 마케도니아는 티토가 주도하는 사회주의 유고슬라비아 연방의 구성 공화국으로 다시 등장한다. 1948년 소련과 코민포름 분쟁 이후, 마케도니아에 대한 영토적 야심을 드러내던 불가리아를 견제하기 위해 티토는 마케도니아 언어의 독자성과 역사 교육을 인정하고, 마케도니아 정교회가 세르비아 정교회에서 분리, 독립하도록 지원한다.

1980년 5월 티토의 사망과 1991년부터 격화된 연방 붕괴 과정에서 마케도니아는 독립을 추진한다. 그 결과 1991년 9월 국민투표를 통해 마케도니아가 독립을 선포한다. 하지만 EU 회원국인 그리스는 고대 마케도니아 제국에 대한 역사적 당위성과 정통성을 들어 마케도니아의 독립에 강력히 반발했고, 1994년에 두 나라는 군사적 대치 상태에까지 이른다. 마케도니아 문제는 곧이어 미국과 유럽 여러 나라들의 개입을 낳았다. 1995년 9월에 마케도니아와 그리스는 국명을 '구舊유고슬라비아의 마케도니아 공화국(FYROM: the Former Yugoslav Republic of Macedonia)'으로 하라는 1993년 UN 중재안을 받아들임으로써 두 나라의 관계 정상화에 합의한다. 이때 이후 독립국가로 인정받은 마케도니아는 경제적 어려움, 알바니아 소수민족과의 갈등 등으로 현재 여러 어려움에 직면해 있다.

그리스와의 분쟁

과거 사회주의 유고슬라비아 연방에 속해 있던 마케도니아는 1991년을 기점으로 붕괴하던 연방에서 이탈해, 같은 해 9월에 독립을 선포한다. 하지만 마케도니아의 독립 추진은 오랫동안 이어져 내려온 그리스와의 갈등과 분쟁을 다시 한 번

촉발하는 계기가 된다. 분쟁의 주요한 요소로는 크게 세 가지를 들 수 있다. 우선 마케도니아 헌법 초안의 내용을 둘러싼 논쟁, 둘째는 마케도니아가 내세우는 상징물과 선전 문구를 둘러싼 논쟁, 그리고 셋째로는 마케도니아 국호를 둘러싼 논쟁이다.

마케도니아는 헌법 초안에서 19세기 말과 20세기 초 사이에 그리스를 비롯한 주변국들에게 빼앗긴 영토 회복 운동을 천명했다. 이것은 주변국들의 강한 반발을 낳았다. 또한 그리스 정부가 올림포스 산까지 이어지는 마케도니아의 광대한 영토를 상징하는 수많은 지도와 차량 스티커, 각종 포스터, 고대 마케도니아 왕국의 상징인 버지니아의 16각형 별을 그린 깃발들을 배포함으로써 그리스의 강력한 반발을 낳았다. 이와 더불어 나라 이름인 '마케도니아'란 명칭을 둘러싸고, 이 명칭에 대해 역사적 정통성을 주장하는 그리스와 심각한 갈등을 빚어야 했다.

1990년 11월에 자유 총선거, 1991년 9월 8일에 마케도니아 독립을 묻는 국민투표가 실시되었고, 같은 해 9월 17일에 '마케도니아 공화국'이 선포되었다. 마케도니아는 당시 제 1당인 '국제 마케도니아 혁명 위원회-마케도니아 민족연합 민주당(IMRO-DPMNU)'의 주장을 중심으로 1991년 11월에 헌법 초안을 발표했는데, 이 헌법에는 일부 민족주의적인 내용들이 포함되어 있었다. 그리스는 마케도니아 헌법 조항 가운데 제 3조와 제 49조 내용에 대해 강력히 문제를 제기함으로써 마케도니아 독립에 압력을 가하기 시작했다.

제 3조

마케도니아 공화국의 영토는 결코 분할하거나 양도할 수 없다. 현 마케도니아 공화국의 국경선을 범해서는 안 된다. 마케도니아 공화국의 국경선은 단지 헌법으로만 변경할 수 있다.

제 49조

공화국은 마케도니아 출신의 이민자뿐만 아니라, 이웃 국가들에 거주하는 마케도니아인들의 권리와 (민족) 지위를 보장하고 그들의 문화 발전을 지원하고 이들과 연계를 강화한다. 공화국은 해외에 거주하는 시민들의 문화·경제·사회적 권리들을 보호한다.

마케도니아 헌법의 제 3조 가운데 '마케도니아 영토'가 과거 제 1차, 2차 발칸전쟁을 통해 그리스와 세르비아, 불가리아에 의해 분할된 마케도니아 지역을 의미하는 것으로 본 그리스는, 이런 조항이 발칸전쟁에서 마케도니아의 상당 지역을 차지한 그리스에 대해 선전포고를 한 것이라며 강력히 반발했다. 그리스는 덧붙여 사회주의 유고슬라비아 연방에서 공화국 수립을 통해 세르비아에게 빼앗긴 마케도니아 지역을 회복한 마케도니아가 이제는 주변 국가들, 특히 과거 그리스에 빼앗긴 영토를 되찾으려 한다고 주장했다. 그리스는 이러한 내용을 보다 구체화한 조항이 바로 헌법 제 49조라고 주장한다.

제 49조에서 언급한 해외 마케도니아 거주민들 중 상당수는 과거 마케도니아의 영토였던 북부 그리스에 사는 사람들이라고 마케도니아는 주장한다. 따라서 제 49조는 이들 지역의 민족 문제에 마케도니아가 공개적으로 개입하겠다는 뜻을 헌법에 명시한 것이라고 볼 수 있다. 그리스는 지난 50여 년간 자국 내 마케도니아 소수민족의 존재를 철저히 부정해왔다. 따라서 마케도니아의 이러한 헌법 내용은 그리스의 민족문제에 내정간섭을 하겠다는 의미로 받아들일 수밖에 없었다.

마케도니아 문제의 심각성이 커지자, 1991년 12월에 EC(오늘날 EU)는 브뤼셀 각료 회의를 통해 마케도니아 독립 문제를 논의했다. 그러나 그리스의 강력한 반대로 독립 논의는 중단되고, 마케도니아와 그리스 사이엔 심각한 외교 분쟁과 국경에서의 긴장이 고조되었다. 양측 간의 치열한 신경전 속에 EU 의장국인 포르투갈은 절충안으로 '새로운 마케도니아(New Macedonia)'란 국명을 제안했으나, 양측으로부터 모두 거절당했다.

그리스는 반대 이유에서 고대 마케도니아인은 민족적으로 고대 그리스인의 후예이자 북부 그리스인의 일파며, 언어적으로도 '마케도니아'란 용어는 그리스어에서 유래한 말이라고 주장했다. 그리고 만약 마케도니아란 명칭을 그리스 밖에서 사용할 경우 이에 따른 모든 역사적 유산과 자산들을 상실할

마케도니아 공화국 국기. 1992년 독립할 때에는 16개의 햇살을 지닌 태양이었으나, 그리스의 반발로 1995년 10월 5일 햇살을 8개로 줄이고 태양의 형태도 일부 수정한 뒤 제정했다.

수 있다며 반발했다. 반면 마케도니아인들은 '마케도니아'란 명칭은 어느 한 국가만이 독점할 수 있는 명칭이 아니며, 사회주의 시절부터 공화국 명칭으로 계속 사용해왔고 그리스가 주장하는 마케도니아 지방 즉, '에게 마케도니아' 또는 '피린 마케도니아Pirin Macedonia' 지방과는 무관한 명칭이라며 반발했다. 이후, 1992년 6월 리스본 EU 회담에서 마케도니아 국명에 '마케도니아'란 명칭을 쓰지 않는 것을 전제로 마케도니아 독립을 인정할 것이라는 내용을 발표되었고, 마케도니아 정부는 이를 수용하지 않겠다는 뜻을 분명히 했다.

EU의 결정에 반발한 마케도니아는 1992년 8월에 독립 마케도니아 국기의 상징으로 고대 마케도니아 왕국의 상징인 버지니아의Vergina의 16각형 별을 채택했다. 이어 9월에는 영토 회복주의에 기초한 '대大마케도니아(Great Makedonia)'를 국가의 주요 목표로 선포했다. 또한 1992년과 1993년에 걸쳐 마케도

영토 회복주의 주장에 따른 마케도니아 영토.

니아에 존재하는 그리스 문화유산에 대한 권리 선언과 이러한 내용이 실린 국정교과서를 발행했다. 이것들은 모든 마케도니아 유산이 정당하게 마케도니아 국가에 속하고, 과거 이것들을 마케도니아 민족들에게서 강탈해 간 그리스를 비롯한 주변 국가들에게서 되돌려 받겠다는 의지로 인식되었다.

1992년 7월, 마케도니아는 외교적 고립을 타파하고 독립 문제를 국제 이슈화하기 위해 발칸유럽의 안정에 많은 관심을 두고 있던 미국에 도움을 요청한다.9) 이어 미국의 지원 속에 UN에서 마케도니아 독립 논의를 본격적으로 시작했다. 그러자 1993년 1월, 그리스는 UN안전보장이사회에 마케도니아가 제시한 버지니아의 16각형 별이 그려진 국기와 '대大마케도니아'라 표시된 마케도니아 지도 표기가 국제 분쟁의 소지가 있다며 독립 논의를 중단해줄 것을 요청했다. 이와 더불어 그리스 정부는 같은 해 4월 7일, UN안전보장이사회 의장에게 공문을 보내, 마케도니아 지도가 UN에 걸리는 문제의 위헌성을 강력히 항의했다. 뒤이어 5월 27일에는 이전까지 고수한 '마케도니아'란 명칭을 국호로 사용하는 것을 반대하는 주장에서 한발 물러나, 절충안으로 '슬라브마케도니아Salvmacedonia'란 명칭을 제안했다. 그러나 그리스 민족주의자들의 반발로 이에 대한 논의를 1993년 10월 그리스 총선 이후로 연기한다. 결국 UN안전보장이사회는 '817항 결의'를 통해 1993년 8월 17일에 중재안으로 '구舊유고슬라비아의 마케도니아 공화국'이라는 기술적인 임시 이름을 제시해 UN에 마케도니아 국가 등록을 승인해줌으로써 양측 간의 싸움은 일단락된다.

그리스의 입장을 고려한 EU의 주저 속에 1994년 1월, 그리스와 갈등 관계에 있던 불가리아와 터키가 마케도니아를 국가로 인정하자 마케도니아 독립 문제는 중요한 전환점을 맞는다.[10] 1993년 8월에 UN에서 마케도니아를 국가로 승인하기 전까지 마케도니아를 국가로 인정해준 국가는 러시아와 과거 사회주의 유고슬라비아 연방 구성 공화국인 슬로베니아, 크로아티아 등이 전부였다. UN의 승인 이후에도 EU 회원국들과 대부분의 서구 국가들은 공식적으로 마케도니아를 국가로 인정하는 것을 주저했다.

1993년 10월 총선 뒤에 등장한 그리스의 새 정부는 이전보다 더 강경하게 마케도니아 문제에 대응한다. 1994년 2월, 미국이 마케도니아를 국가로 인정하려는 움직임이 있자, 그리스는 마케도니아와 외교 관계를 단절한다. 주요 항구인 테살로니카를 봉쇄해 마케도니아와 연결된 모든 물품(인도주의적인 물품은 제외)의 수출입을 막았다. 일방적인 그리스의 마케도니아 봉쇄에 대한 미국과 국제사회의 비난이 거세지는 가운데 1994년 5월, EU 법정은 그리스의 봉쇄 정책이 부당하다고 판결한다. EU는 그리스와 마케도니아의 관계 정상화에 더욱 적극적인 자세를 보인다. 그리고 마침내 양국 외무장관은 1995년 9월 13일, 양국 간의 관계 정상화에 합의한다. 당시 맺은 협약에 따라 그리스는 봉쇄를 풀고, 마케도니아는 국기를 비롯해 민족주의를 부추기는 여러 상징물들의 철회를 약속한다. 하지만 두 나라 사이에 뚜렷한 견해차를 보이던 국명 문제는 UN의 감독 아래 계속 협상할 것이라는 상징적인 문구만을 제시함으로써, 이를 둘러싼 갈등의 불씨는 여전히 남아 있는 상태다.

알바니아 소수민족과의 민족 분쟁

19세기 민족주의가 동유럽에 영향을 미치기 시작한 이후로 동유럽엔 항상 민족 간 문화 갈등과 분쟁이 끊이지 않았다. 이는 민족주의가 도래할 당시, 외세 지배를 받고 있던 발칸유럽의 상황과 맞물려 서유럽과는 다른 형태의 민족주의가 정착한 데서 기인한다. 20세기로 넘어오면서 동유럽 특히, 발칸 유럽의 민족 간 문화 갈등과 분쟁의 한가운데에는 항상 알바니아 민족주의가 자리 잡고 있다. 알바니아 민족주의는 알바니아 본토와 주변 알바니아인들의 거주 지역을 기초로 순수한 알바니아 민족국가를 수립하겠다는 '대大알바니아주의'로 묘사되곤 했다.11) 마케도니아의 경우도 민주화와 독립 이후, 중부와 동부 지역에 거주하는 마케도니아인들과, 알바니아와 코소보에 인접한 북서부 지역에 거주하는 알바니아 소수민족들 간에 계속된 분쟁과 유혈 충돌이 있었다. 200여만 명의 마케도니아의 전체 인구 가운데 알바이나인들은 약 45~60만을 차지한다. 이러한 두 민족 사이의 분쟁과 충돌은 2001년 3월, 마침내 마케도니아 내전으로 확대되면서 국제사회의 관심을 불러일으킨다.

1991년 9월, 독립 선언을 전후로 마케도니아는 심각한 경제·정치적 위기에 봉착했다. 사회주의 유고슬로비아 연방 시절, 가장 경제적으로 뒤떨어졌던 마케도니아는 연방의 해체와 내전 확산으로 주요 수출입 통로가 막히면서 급속한 경제 침체를 겪어야 했다. 독립 이후에도 화폐 개혁을 미루어 온 마케도니아는 1992년 4월까지 과거 사회주의 유고슬라비아 연방의 화폐인 디나르Dinar 체제 밑에서 월 90% 가까이 오르는 인플레이션을 겪어야 했다. 또한 무역량의 60%를 차지하던 세르비아가 유고슬라비아 내전과 보스니아 내전의 주범으로 몰려 국제사회에서 경제금수조치를 당하자, 결국 1992년 12월 IMF 체제에 들어서야만 했다. 정치적으로는 급진 마케도니아 민족주의가 성장하고, 마케도니아 내 소수민족들의 권리 요구와 독립 움직임이 급격히 증대하면서 정치적 혼란기를 맞았다. 특히 가장 큰 소수민족인 알바니아인들 사이에 대大알바니아 민족국가를 수립하려는 움직임이 커갔고, 알바니아인들이 다수 거주하는 서부 마케도니아 지역을 코소보 같은 자치국으로 만들려는 움직임도 확대되었다.

당시부터 현재까지 마케도니아 민족주의를 주도하는 대표 세력으로 '국제 마케도니아 혁명 위원회-마케도니아 민족연합 민주당(IMRO-DPMNU)'을 들 수 있다. 이 당은 1990년 11월과 12월에 치른 자유 총선거에서 마케도니아 민족주의를 자극해 원내 다수당을 차지했다. 또한 당 강령에서 당의 목표가 "마케도니아 내 의회민주주의 창설과 더불어 분열한 마케도니아 민족의 정신적, 경제적, 민족적 통일을 기초로 유럽에서 마케도니아 독립 국가를 건설하는 것"이라는 점을 분명하게 밝혔다. 그리고 그들은 "이러한 마케도니아 독립 국가는 순수 마케도니아 민족만으로 구성한 단일 민족국가가 되어야 한다"는 점을 강조했다. 이러한 주장은 대외적으로는 그리스를 비롯한 주변 국가들, 대내적으론 알바니아 소수민족들의 강한 반발을 불러일으켰다. 실제 이러한 마케도니아 민족주의자들의 입장은 1991년 11월 수립된 마케도니아 헌법 초안에 그대로 반영되었다. 마케도니아 헌법 전문에 마케도니아는 '마케도니아인들로 구성된 민족국가'라는 점을 분명히 명시했다.

마케도니아 헌법 전문
마케도니아 민족의 역사적, 문화적, 정신적, 국가적 유산과 민족적, 사회적 해방, 국가 건설을 위한 수세기 동안의 투쟁으로 얻은 마케도니아 공화국(Republika Makedonija)은 (중략) 유고슬라비아 연방(Federativna Jugoslavija) 내 독립 공화국의 지위로서 수립한 마케도니아 국가의 헌법적 지속성에서, 1991년 9월 8일 국민투표에 따른 마케도니아 공화국 건설 표현 의지의 자유에서 그리고 마케도니아 공화국 내에 거주하는 알바니아인, 터키인, 블라흐인(왈라키아인), 루마니아인과 같은 소수민족들과 함께 마케도니아 민족의 지속적인 공존과 충분한 시민 평등권의 제공 속에 '마케도니아 민족의 마케도니아 민족국가(nacionalna država makedonskog naroda)'가 지속하리라는 역사적 사실에서 출발한다.

반면 마케도니아의 알바니아인들은 1990년 자유 총선거 당시 마케도니아 정부가 게리멘더Gerrymander와 같은 부정 선거구 책정을 통해 알바니아 정당들의 의회 진출을 저지하려 했다고 주장했다. 그러면서 의회로 진출한 마케도니아 민족주의자들이 민족주의를 부추겨 알바니아 소수민족에 대한 탄압을 감행하고 있다고 강하게 반발했다. 실제로 1990년 선거 결과, 마케도니아 34개 지방의회에서 총 1,510명의 의원 중 78.5%에 해당하는 1,186명이 마케도니아 출신이었다. 반면 알바니아인 출신 의원들은 221명(15%)이다. 인구 비례에서 알바니아인들이 소수라는 것을 감안하더라도, 이것은 아주 이례적인 경우였다.

반면 알바니아인 출신 의원들이 다수 의석을 차지한 서부 마케도니아의 테토보, 고스티바르Gostivar, 데바르Debar시의 알바니아 지방의원들은 이 도시들에 대한 마케도니아 중앙정부 통제를 거부하고, 행정 권한을 지방의회에 이양할 것을 요구했다. 하지만 이에 대해 중앙정부와 마케도니아인이 다수를 차지한 지방정부 공무원들이 반발하면서, 이 도시들에는 마케도니아인과 알바니아인이 각각 세운 지방정부가 동시에 출현하는 사태가 벌어진다. 이런 가운데 1991년 3월, 마케도니아 정부가 공식 출범해 키로 글리고로프Kiro Gligorov 대통령을 선출한다. 키로 글리고로프 대통령은 알바니아인들과의 민족 갈등을 해소하기 위해 부수상을 비롯해 2개의 장관직에 알바니아인들을 임명했고, 소수민족 해결을 위한 위원회를 설립했다. 하지만 이러한 노력은 별다른 실효를 거두지 못했다.

1991년 9월에 마케도니아의 독립을 묻는 국민투표에 알바니아인들이 불참한다. 오히려 알바니아인들은 1992년 1월, 서부 마케도니아의 자치를 묻는 자신들만의 투표를 치러 압도적인 표 차로 자치권 수립을 선포한다. 또한 알바니아 민족 정당인 '민주 번영당'은 1991년 11월에 발표한 헌법 초안에 알바니아인 민족 권리에 대한 구절이 빠져 있다는 이유를 들어 이에 대한 수정을 요구하는 등 강력히 반발한다. 이후 1992년 7월 마케도니아 급진 민족주의자들에 의해 알바니아 정당인 민주 번영당 당수 네브자트 할리리Nevzat Halili 암살 미수 사건이 발생한다. 같은 해 12월에는 마케도니아 수도 스코쁘예시에 있는 비트 파자르Bit Pazar시장에서 불법 담배 노점상을 하던 알바니아인들을 마케도니아인 경찰이 폭행하는 사건이 벌어진다. 이에 항의하는 알바니아 시위대 중 3명이 강경 진압으로 사망하면서 마케도니아 정국은 극도의 혼란 속으로 빠져든다.. 이러한 사건들은 마케도니아의 알바니아인과 마케도니아인 사이의 심각한 분열과 갈등을 가져왔다.

혼란이 지속되는 가운데, 민주 번영당 당원이자 전 국방부 대변인인 후세인 하스카이Husein Haskaj와 전 복지부 대변인이었던 이메르 이메리Imer Imeri를 중심으로 마케도니아 정부 전복과 서부 마케도니아에 일리리다Ilirida 자치국 건설을 위한 알바니아 무장 조직(AAA: All Albanian Army)이 결성되었다는 소식이 전해진다. 1993년 11월 10일에 마케도니아 정부는 이들 조직원들에 대한 대대적인 검거 작전에 들어갔고, 체포된 12명에게 국가반역죄를 적용해 전원을 투옥한다. 마케도니아 정부의 주장에 따르면 이들은 35구경 자동 소총으로 무장한 비밀 조직을 구성했고, 조직원 수만 해도 21,630명에 달했다. 그들은 서부 마케도니아를 떼어내어 자치국으로 만든 뒤, 알바니아 본토와 세르비아 내 코소보와 연합해 대大알바니아 민족국가를 수립하려 했다는 것이다. 곧이어 사건의 책임을 물어 민주 번영당의 지도부가 대폭 교체된다.

새로운 당 지도부는 마케도니아 정부에 마케도니아어와 함께 공식 언어로 알바니아어를 인정하고, 서부 마케도니아에 대한 자치권을 보장해줄 것을 요구한다. 그러나 마케도니아 정부는 국가 존립의 위기를 들어 이러한 요구를 묵살한다. 또한 1995년에는 알바니아인들이 테토보시에 알바니아어로 교육할 수 있는 대학 설립을 시도하자, 마케도니아 정부는 정부 승인이 없다는 이유를 들어 강제 철거를 단행한다. 뒤이어 알바니아 비밀 단체로 추정되는 단체에 의해 키로 글리고로프 대통령 암살 미수사건이 일어난다. 이러한 일련의 사건들은 양 민족 사이에 더욱 깊은 갈등의 골을 만들었다.

1998년 마케도니아의 경찰서들과 법원에 대한 알바니아 반군들의 폭탄 테러가 발생한다. 1999년에는 코소보 분쟁과 전쟁을 계기로 수십만 명의 코소보 알바니아 난민들이 마케도니아 국경에 모여들면서 상황은 한층 더 복잡하게 전개된다. 당시 마케도니아 정부는 이들을 받아들일 경우 알바니아인들의 수적 증가와 함께 알바니아 민족주의의 요구가 더욱 확대될 것을 우려해, 이들의 적극적인 수용에 응하지 않았다. 2000년에 들어와서는 알바니아인들이 많이 거주하는 서부 마케도니아 지역으로 코소보 알바니아 반군들과 무기가 들어오기 시작했다. 그러면서 마케도니아 내 알바니아 반군들의 마케도니아 경찰에 대한 테러와 무력 충돌이 빈번하게 발생했다.

2001년 3월, 알바니아 반군들이 자신들이 수도로 정한 테토보를 장악한 뒤, 마케도니아 정부군을 공격함으로써 마침내 마케도니아 내전이 발발한다. 마케도니아 정부는 미국과 NATO에 사태의 심각성을 알리고 도움을 요청한다. 2001년 3월 17일, 마케도니아 전역에 예비군 동원령이 내려지고 3월 18일, 야간 통행금지가 실시되면서 본격적인 반군 진압이 시작됐다. 마케도니아 내전은 국제사회에 과거 1차, 2차 발칸전쟁 때처럼 전쟁이 발칸유럽 전체로 퍼질지도 모른다는 공포를 확산시켰다. 실제 서구 언론에선 "마케도니아 내전을 일으킨 알바니아 반군들이 세르비아의 코소보 지역에 있는 알바니아 반군(KLA)들보다도 더 잘 훈련받았고 중무장을 한 데 반해, 마케도니아 정부군은 코소보의 알바니아 반군과 싸웠던 세르비아 정부군에 비해 열악한 훈련과 장비를 갖추고 있어, 국제사회가 이를 방관하면 장기전으로 사태가 확대되어 결국 발칸유럽과 유럽의 안정을 심각하게 위협할 것이다"라고 보도했다. 이러한 서구의 우려는 곧바로 국제사회 구성원들의 마케도니아에 대한 지지 성명과 지원을 이끌어냈다.

서구 국가들이 마케도니아를 지원하게 된 배경은 우선 마케도니아가 발칸유럽 분쟁의 핵심 지역이었고, 이 지역을 둘러싼 치열한 영토 전쟁이 곧바로 유럽 열강들의 군사적 개입을 불러와 대규모 전쟁으로 확대되었던 역사적 경험에서 나온 우려 때문이었다. 둘째로 마케도니아 내전이 오래 지속되고 국가 존립의 위기가 팽배해질 경우, 오랫동안 마케도니아에 대한 종주권을 주장해온 발칸유럽 국가들의 군사적 야심을 부추길 가능성과 새로운 발칸 분쟁 대두에 대한 우려를 들 수 있다. 이 점에 대해 슬라벤코 테르지치는 "근대 이후에 마케도니아 지역은 계속해서 러시아와 서구 열강들의 첨예한 이해 접합점에 있었다. 따라서 강대국들의 지속적인 개입과 간섭으로 마케도니아 문제를 둘러싼 진정한 해결책들을 제시할 수 없었다"라고 지적했다. 그는 또한 "강대국들은 자신들의 전략적 이익에 따라 마케도니아가 주변의 어느 국가나 민족에게 완전히 편입되는 것을 방해했고, 그 결과 제1차, 2차 발칸전쟁과 양차 대전을 거치면서 강대국들의 역학 구도에 따른 영토·민족적 분열과 합병이 쉼 없이 전개되었다"라고 분석했다.

하지만 미국과 유럽 등 서구 사회가 마케도니아 내전에 더 적극적인 관심을 보인 실제 이유는 다음과 같은 두 가지 요인 때문이었다는 분석이 지배적이다. 첫째, 미국의 발칸유럽에 대한 분석과 전략을 들 수 있다. 미국은 오랫동안 유럽과 러시아의 영향력 밑에 나뉜 발칸유럽의 중요성을 인식하고, 미국의 영향력 확대를 추진했다. 발칸유럽은 EU 회원국인 그리스를 비롯해, 역사적 배경에 따라 독일 등 EU권 국가들과 밀접한 관계를 구축한 슬로베니아와 크로아티아 그리고 친親러시아적 성향이 강한 세르비아와 불가리아로 구성되어 있다. 이 틈바구니에서 영향력 확대를 꾀하는 미국은 이러한 역학 구도에서 발칸유럽이 향후 열강들의 각축장이 될 우려가 있다는 분석을 내놓고 있다. 미국은 현재 발칸유럽의 중앙에 있으면서 전략적으로 매우 중요한 위치에 놓인 마케도니아를 친미 전략 국가로 설정해 놓은 듯 보인다.[12] 하지만 미국의 이러한 전략 수립은 미국이 지난 1999년, 코소보 전쟁 당시 세르비아를 몰아세우며 내세운 인권 문제라는 측면에서 보았을 때, 마케도니아 내전에서는 전혀 다른 전략을 세웠다는 측면에서 비판의 여지가 있는 것으로 보인다.

둘째, 유럽의 마케도니아 정부 지지 배경에는 유럽에서 오랫동안 지속된 반反이슬람 정책과 그 성향을 들 수 있다. 칸 Mujeeb R. Khan은 보스니아 분쟁이 확대된 주요 요인 중 하나로 유럽의 반이슬람, 친기독교적 성향을 들고 있다. 과거 중세 십자군 전쟁과 오스만 터키의 유럽 원정 이래로 반이슬람 정서를 유지한 유럽의 정책과 성향들이 마케도니아에 있는 이슬람 알바니아인들에게도 그대로 적용되었다고 볼 수 있다.

이러한 배경에 따라 유럽은 내전 발발 초기, 러시아의 군사 지원 약속과 함께 강력한 지지를 발표했고, NATO군 또한 코소보에서 마케도니아의 알바니아 반군들에게 공급되는 무기를 차단하기 위해 국경 봉쇄를 발표했다. 마케도니아 정부는 이를 바탕으로 반군 거점에 대한 대대적인 군사 작전을 감행한다. 이어 2001년 3월 21일, 마케도니아 정부의 반군 진압에 대한 미국의 지지 성명서와 알바니아 반군들에 대해 항복을 권유하는 UN 선언문을 발표되면서, 마케도니아 정부군의 진압 작전은 더욱 힘을 얻게 되었다. 3월 22일, 마케도니아 정부군이 정한 최후 항복 통첩 시간이 임박한 가운데, NATO군은 마케도니아와 코소보 국경 봉쇄를 위한 군사력 증파를 발표했다. 뒤이어 23일엔 대규모 폭격이 이어졌다. 하지만 마케도니아 정부군의 대대적인 공격에도 4월 28일, 알바니아 반군들의 반격이 다시 시작되었다. 5월 12일, 마케도니아 정부와 의회는 알바니아 반군들의 무장 해제를 조건으로 문제 해결을 위한 거국 내각 구성을 제안했다. 하지만 알바니아 반군들은 제안을 거절했고 5월 24일, 서부 마케도니아 산악 지대를 중심으로 마케도니아 정부군과 알바니아 반군들 사이에 치열한 군사 충돌이 재개되었다. 내전의 확대 속에 2001년 7월 5일, 마침내 마케도니아 정부군과 알바니아 반군은 '서부 마케도니아에 대한 자치권 논의와 알바니아 반군의 무장 해제'라는 미국과 NATO군의 중재안을 받아들여 내전을 종식했다. 하지만 공식적인 내전 종식 이후에도 현재까지 마케도니아의 마케도니아인과 알바니아인들 사이의 갈등과 충돌이 빈번하게 발생하고 있다. 또한 이를 해결하려는 협의 과정에서도 서로 총격전을 계속하는 등 별다른 진전을 보이지 못하고 있다.

주

1) '유고슬라비아'란 국명은 지금은 사라져버리고 없는 역사 속의 이름일 뿐이다. 과거 연방이 해체되기 전 유고슬라비아는 정치적 경계로는 모두 6개 공화국(세르비아, 크로아티아, 보스니아-헤르체고비나, 슬로베니아, 마케도니아, 몬테네그로)과 2개의 자치주(세르비아 공화국 내 코소보, 보이보디나)로 이루어져 있었다. 하지만 2007년 현재는 각 공화국들이 모두 독립해 모두 6개 국가로 나뉘어져 각자의 발전을 모색하고 있다.

2) 근대 '남슬라브족 통합 운동'의 한 형태인 '일리리즘'에서 발전된 '유고슬라비즘'은 사회주의 시절 행한 티토의 여러 정책 중 하나다. 티토는 '유고슬라비즘'을 통해 문화·종교·민족적으로 매우 복잡하게 혼재한 유고슬라비아 지역의 민족들에게 자신들이 속한 각 민족 집단과 공화국에 충성하기보다는 '사회주의 유고슬라비아 연방'과 중앙정부에 충성할 것을 유도하고자 했다.

3) 티토 생전에 사회주의 유고슬라비아를 지탱하고 발전시킨 주요 정책들의 이념을 제공한 것은 '티토이즘'이라 할 수 있다. 티토이즘이란 외교 정책에서 '비동맹주의', 사회·경제 정책에서 '자주관리제도' 그리고 민족 정책에선 각 소속 민족이 아닌 유고슬라비아에 대한 충성과 정치적 민족주의를 지향한 '유고슬라비즘' 등으로 나누어 볼 수 있다.

4) 세르비아니즘은 중세 세르비아 왕국과 당시 최대 전성기인 스테판 두샨 왕(Kralj i Car Stefan Uroš 4 Dušan, 1331~1355) 시절의 영토·문화적 확대 등 역사적 당위성에 기초하고 있다. 이러한 역사적 당위성을 기초로 세르비아니즘은 19세기 나폴레옹 혁명전쟁 이후 발칸유럽에 근대 민족주의 사상이 전파되면서, 세르비아 민족들 사이에 하나의 이데올로기로 정착된다. 이후 1877년, 러시아-터키 전쟁의 여파로 형성된 1878년 산스테파노 조약과 베를린 조약에 따라 세르비아 근대 민족국가가 수립되면서부터 세르비아니즘은 세르비아 민족주의 표출의 한 형태로 발전하기 시작했다.

5) 이후 신유고 연방은 몬테네그로의 계속된 독립 요구 속에 2003년 3월 이후로 국명을 '세르비아-몬테네그로 연합'으로 변경했으나, 2006년 6월 마침내 몬테네그로가 독립함에 따라 현재 서로 개별 국가로 발전하고 있다.
6) 이 안을 주도한 사이러스 벤스Cyrus Vance 前 미국 국무장관과 유럽공동체 특사인 데이비드 오웬David Owen 前 영국 외무장관의 이름을 따서 벤스-오웬안이라고도 부른다. 오웬안의 제시에 따라 설정된 권역별 분포는 보스니아 주요 3개의 민족 세력들(보스니아 무슬림, 세르비아인, 크로아티아인)이 차지한 영토를 기준으로 설정한 것이다. 특히 사라예보를 중심으로 한 중립지대 건설의 필요성은 보스니아의 주요 3민족 외에도 민족 간 혼혈로 형성된 보스니아인(유고슬라비아인), 그리고 각 민족 계파에 속하길 거부하는 사람들(민족 간 결혼으로 형성된 부부와 그 가족 등)을 수용할 공간의 필요에서 나온 것이다.
7) 복잡하게 얽혀 있는 보스니아 민족 분포도를 감안해 UN과 NATO군이 새로이 설정한 '안전지대'를 일컫는 말이다.
8) 코소보란 명칭은 원래 오스만 터키의 발칸유럽 지배 시절에 이 지역과 인근의 상당 지역을 포함해 부르던 오스만 터키의 행정구역 명칭인 코소보 빌라예트Kosovo Vilayet에서 비롯했다. 이후 코소보란 명칭이 구체적 행정 명칭으로 다시 등장한 계기는 1968년 코소보가 세르비아의 자치주로 승격되면서부터다. 오스만 터키의 지배를 벗어난 이후부터 1968년 이전까지 이 지역은 동부의 코소보 지방(수도인 쁘리쉬티나를 포함), 그리고 서부의 메토히야 지방(주요 도시로 페치가 있음)을 합쳐 '코소보-메토히야' 지방이라 불렸다. 현재까지도 코소보의 자치권을 인정하지 않는 세르비아인들은 코소보를 과거 세르비아 지방의 한 명칭인 '코소보-메토히야'로 부르거나, 이를 축약해 '코스메트Kosmet'라 부르고 있다.
9) 당시 미국은 유고슬라비아 분쟁과 보스니아 분쟁으로 뒤엉킨 발칸 지역에서 또 다른 분쟁이 발생하기를 원하지 않았고, 동시에 발칸유럽에 대한 미국의 영향력 확대에 많은 관심을 보이고 있었다. 따라서 이러한 국제 정세는 미국이 마케도니아 독립 문제와 안정화에 적극 나서게 된 배경을 형성케 했

다. 실제로 이때 이후 마케도니아의 친미 성향이 증대되었고, 1999년 코소보 전쟁 당시 이웃한 마케도니아에 미군과 NATO군 기지를 대규모 건설하게 된 배경을 낳았다.
10) 불가리아는 마케도니아 국가만을 인정할 뿐 그 민족을 인정하지는 않는다(서부 불가리아인으로 인정). 또한 마케도니아어의 존재를 인정치 않고 있으며, 마케도니아어를 불가리아어 방언 가운데 하나로 주장하고 있다.
11) 알바니아 민족주의의 대표적 형태라 할 수 있는 영토적 민족주의에 기초한 '대大알바니아주의'는 1878년 코소보 내 쁘리즈렌Prizren 마을에서 결성된 '쁘리즈렌 연맹'의 이론에 기초하고 있다.
12) 마케도니아의 입장에서도 또한 미국과 맺는 정치·군사적 동맹 관계는 매우 절실하고도 반드시 지속해야 할 중요한 국가전략으로 인정하고 있다. 그러한 배경에는 마케도니아가 현재 대내외적으로 안고 있는 국가 존립의 문제와 알바니아 소수민족 사이의 갈등에서 미국의 도움이 절대 필요하다는 판단을 내리고 있기 때문이다.

참고문헌

권혁재, 「코소보Kosovo분쟁에 관하여」, 『동유럽 연구』 제7권, 한국외국어대학교 동유럽발칸연구소, 1998, p.1-26.

김성환, 「구 유고지역의 언어상황과 민족주의」, 『동유럽 발칸학』 창간호, 한국동유럽발칸학회, 1999, p.5-28.

김철민, 「티토의 민족정책: 유고슬라비즘(Yugoslavism: Jugoslavizam)의 적용과 실패」, 『동유럽 연구』 제6권, 한국외국어대학교 동유럽발칸연구소., 1995, p.157-179.

_____, 「마케도니아 민족 갈등에 관한 연구」, 『동유럽발칸학』 창간호, 한국동유럽발칸학회, 1999, p.303-326.

_____, 「코소보Kosovo 민족 갈등에 관한 연구」, 『동유럽발칸학』 제2권 제1호, 한국동유럽발칸학회, 2000, p.195-219.

_____, 「알바니아 민족주의의 기원과 민족문제에 관한 연구: 코소보 내 민족 분쟁을 사례로」, 『동유럽발칸학』 제7권 제2호, 한국동유럽발칸학회, 2005, p.449-472.

_____, 『보스니아 역사: 무슬림을 중심으로』, 한국외국어대학교 출판부, 2005.

_____, 『발칸유럽 사회와 문화』, 한국외국어대학교 출판부, 2007.

정병권 외, 『동유럽·발칸, 민주화와 문화갈등』, 한국외국어대학교 출판부, 2005.

Babuna, Aydin, 「National Identity, Islam and Politics in Post-Communist Bosnia-Herzegovina」, 『East European Quarterly, Vol. XXXIX, No. 4』, January 2006, pp.405-447.

Brown, Keith, 『The Past in Question: Modern Macedonia and the Uncertainties of Nation』, Princeton: Princeton Univ. Press. 2003.

Hayden, Robert M., 「Democracy without a Demos?: The Bosnian Constitutional Experiment and the International Construction of

Nonfunctioning States」, 『East European Political and Societies, Vol. 19, No. 2』, 2005, pp.226-259.

Isaković, Zlatko, 「Međunarodni položaj Makedonije」, Momir Stojković & Ana Damian eds, 『Savremeni procesi i odnosi na balkanu. Beograd: Gorograf』, 1997, pp.377-390.

Khan, Mujeb R., 「Bosnia-Hercegovina and the Crisis of the Post-Cold war International System」, 『East European Political and Socieities. Vol. 9, No. 3』, 1995, pp.459-498.

Malcom, Noel, 『Kosovo: A Short History』, New York: New York Univ. Press, 1998.

Petković, Ranko, Miroslav Petrović & Momir Stojković, 「Ustav Republike Makedonije」, 『Novi ustavi na tlu bivše Jugoslavije. Beograd: Službeni glasnik』, 1995, pp.127-157.

Petković, Ranko, 「Međunarodni položaj i spoljna politika balkanskih zemalja」, Momir Stojković & Ana Damian eds, 『Savremeni procesi i odnosi na balkanu』, Beograd: Gorograf, 1997, pp.277-292.

Pribichevich, Stoyan, 『Macedonia: Its People and History』, Harisburg: Pensylvania State Univ. Press, 1984.

Sugar, Peter F, 「External and Domestic Roots of Eastern European Nationalism」, Peter F. Sugar & Ivo J. Lederer eds, 『Nationalism in Eastern Europe』, Seattle & London: Univ of Washington Press, 1994, pp.3-54.

Terzić, Slavenko, 「The Right to Self-Determination and the Serbian Question」, Dušanka Hadži-Jovančić. ed, 『The Serbian Question in Balkans. Beograd: Faculty of Geography』, Univ. of Belgrade, 1995, pp.39-48.

보스니아-헤르체고비나 공화국 정부 http://www.fbihvlada.gov.ba
The General Framework Agreement for Peace in Bosnia and Herzegovina http://www.ohr.int
마케도니아 정부 http://www.gov.mk
세르비아 내무부 http://www.mup.sr.gov.yu

동유럽의 민족 분쟁 보스니아·코소보·마케도니아

펴낸날	초판 1쇄 2007년 3월 30일
	초판 4쇄 2015년 4월 14일

지은이	김철민
펴낸이	심만수
펴낸곳	(주)살림출판사
출판등록	1989년 11월 1일 제9-210호

주소	경기도 파주시 광인사길 30
전화	031-955-1350 팩스 031-624-1356
기획·편집	031-955-4671
홈페이지	http://www.sallimbooks.com
이메일	book@sallimbooks.com

ISBN	978-89-522-0626-8 04080

※ 값은 뒤표지에 있습니다.
※ 잘못 만들어진 책은 구입하신 서점에서 바꾸어 드립니다.

함께 읽으면 좋은 책

사회·문화

089 커피 이야기

eBook

김성윤(조선일보 기자)

커피는 일상을 영위하는 데 꼭 필요한 현대인의 생필품이 되어 버렸다. 중독성 있는 향, 마실수록 감미로운 쓴맛, 각성효과, 마음의 평화까지 제공하는 커피. 이 책에서 저자는 커피의 발견에 얽힌 이야기를 통해 그 기원을 설명한다. 커피의 문화사뿐만 아니라 커피에 대한 일반적인 정보 및 오해에 대해서도 쉽고 재미있게 소개한다.

021 색채의 상징, 색채의 심리

박영수(테마역사문화연구원 원장)

색채의 상징을 과학적으로 설명한 책. 색채의 이면에 숨어 있는 과학적 원리를 깨우쳐 주고 색채가 인간의 심리에 어떤 작용을 하는지를 여러 가지 분야의 사례를 통해 설명한다. 저자는 색에는 나름대로의 독특한 상징이 숨어 있으며, 성격에 따라 선호하는 색채도 다르다고 말한다.

001 미국의 좌파와 우파

eBook

이주영(건국대 사학과 명예교수)

진보와 보수 세력의 변천사를 통해 미국의 정치와 사회 그리고 문화가 어떻게 형성되고 변해왔는지를 추적한 책. 건국 초기의 자유방임주의가 경제위기의 상황에서 진보-좌파 세력의 득세로 이어진 과정, 민주당과 공화당의 대립과 갈등, '제2의 미국혁명'으로 일컬어지는 극우파의 성장 배경 등이 자연스럽게 서술된다.

002 미국의 정체성 10가지 코드로 미국을 말하다

eBook

김형인(한국외대 연구교수)

개인주의, 자유의 예찬, 평등주의, 법치주의, 다문화주의, 청교도 정신, 개척 정신, 실용주의, 과학·기술에 대한 신뢰, 미래지향성과 직설적 표현 등 10가지 코드를 통해 미국인의 정체성과 신념을 추적한 책. 미국인의 가치관과 정신이 어떠한 과정을 통해서 형성되고 변천되어 왔는지를 보여 준다.

사회·문화

058 중국의 문화코드

강진석(한국외대 연구교수)

중국의 핵심적인 문화코드를 통해 중국인의 과거와 현재, 문명의 형성 배경과 다양한 문화 양상을 조명한 책. 이 책은 중국인의 대표적인 기질이 어떠한 역사적 맥락에서 형성되었는지 주목한다. 또한, 구체적이고 실제적인 여러 사물과 사례를 중심으로 중국인의 사유방식에 대해 설명해 주고 있다.

057 중국의 정체성 `eBook`

강준영(한국외대 중국어과 교수)

중국, 중국인을 우리는 과연 어떻게 이해해야 하나? 우리 겨레의 역사와 직·간접적으로 끊임없이 영향을 주고받은 중국, 그러면서도 아직까지 그들의 속내를 자신 있게 말할 수 없는, 한편으로는 신비스럽고, 한편으로는 종잡을 수 없는 중국인에 대한 정체성을 명쾌하게 정리한 책.

015 오리엔탈리즘의 역사 `eBook`

정진농(부산대 영문과 교수)

동양인에 대한 서양인의 오만한 사고와 의식에 준엄한 항의를 했던 에드워드 사이드의 오리엔탈리즘. 이 책은 에드워드 사이드의 이론 해설에 머무르지 않고 진정한 오리엔탈리즘의 출발점과 그 과정, 그리고 현재와 미래의 조망까지 아우른다. 또한 오리엔탈리즘이 사이드가 발굴해 낸 새로운 개념이 결코 아님을 역설한다.

186 일본의 정체성 `eBook`

김필동(세명대 일어일문학과 교수)

일본인의 의식세계와 오늘의 일본을 만든 정신과 문화 등을 소개한 책. 일본인을 지배하는 이데올로기는 무엇이고 어떤 특징을 가지는지, 일본을 주목해야 하는 이유는 무엇인지 등이 서술된다. 일본인 행동양식의 특징과 토착적인 사상, 일본사회의 문화적 전통의 실체에 대한 분석을 통해 일본의 정체성을 체계적으로 살펴보고 있다.

사회·문화

261 노블레스 오블리주 세상을 비추는 기부의 역사

예종석(한양대 경영학과 교수)

프랑스어로 '높은 사회적 신분에 상응하는 도덕적 의무'를 뜻하는 노블레스 오블리주. 고대 그리스부터 현대까지 이어지고 있는 노블레스 오블리주의 역사 및 미국과 우리나라의 기부 문화를 살펴보고, 새로운 시대정신으로 노블레스 오블리주를 부활시킬 수 있는 가능성을 모색해 본다.

396 치명적인 금융위기, 왜 유독 대한민국인가 `eBook`

오형규(한국경제신문 논설위원)

이 책은 전 세계적인 금융 리스크의 증가 현상을 살펴보는 동시에 유달리 위기에 취약한 대한민국 경제의 문제를 진단한다. 금융안정망 구축 방안과 같은 실용적인 경제정책에서부터 개개인이 기억해야 할 대비법까지 제시해 주는 이 책을 통해 현대사회의 뉴노멀이 되어 버린 금융위기에서 살아남는 방법을 확인해 보자.

400 불안사회 대한민국, 복지가 해답인가 `eBook`

신광영(중앙대 사회학과 교수)

대한민국 사회의 미래를 위해서 복지는 선택이 아니라 필수라고 말하는 책. 이를 위해 경제 위기, 사회해체, 저출산 고령화, 공동체 붕괴 등 불안사회 대한민국이 안고 있는 수많은 리스크를 진단한다. 저자는 사회적 위험에 대응하기 위한 복지 제도야말로 국민 모두의 삶의 질을 높일 수 있는 길이라는 것을 역설한다.

380 기후변화 이야기 `eBook`

이유진(녹색연합 기후에너지 정책위원)

이 책은 기후변화라는 위기의 시대를 살면서 우리가 알아야 할 기본지식을 소개한다. 저자는 기후변화와 관련된 핵심 쟁점들을 모두 정리하는 동시에 우리가 행동해야 할 실천적인 대안을 제시한다. 이를 통해 독자들은 기후변화 시대를 사는 우리가 무엇을 해야 할 것인지에 대하여 생각해 볼 수 있을 것이다.

사회 · 문화

eBook 표시가 되어있는 도서는 전자책으로 구매가 가능합니다.

- 001 미국의 좌파와 우파 | 이주영
- 002 미국의 정체성 | 김형인 eBook
- 003 마이너리티 역사 | 손영호
- 004 두 얼굴을 가진 하나님 | 김형인
- 005 MD | 정욱식 eBook
- 006 반미 | 김진웅
- 007 영화로 보는 미국 | 김성곤 eBook
- 008 미국 뒤집어보기 | 장석정
- 009 미국 문화지도 | 장석정
- 010 미국 메모랜덤 | 최성일
- 015 오리엔탈리즘의 역사 | 정진농 eBook
- 021 색채의 상징, 색채의 심리 | 박영수
- 028 조폭의 계보 | 방성수
- 037 마피아의 계보 | 안혁
- 039 유대인 | 정성호 eBook
- 048 르 몽드 | 최연구 eBook
- 057 중국의 정체성 | 강준영 eBook
- 058 중국의 문화코드 | 강진석
- 060 화교 | 정성호 eBook
- 061 중국인의 금기 | 장범성
- 077 21세기 한국의 문화혁명 | 이정덕 eBook
- 078 사건으로 보는 한국의 정책전환 | 양길현
- 079 미국을 만든 사상들 | 정경희 eBook
- 080 한반도 시나리오 | 정욱식 eBook
- 081 미국의 발견 | 우수근
- 083 법으로 보는 미국 | 채동배
- 084 미국 여성사 | 이창신 eBook
- 089 커피 이야기 | 김성윤 eBook
- 090 축구의 문화사 | 이은호
- 098 프랑스 문화와 상상력 | 박기현 eBook
- 119 올림픽의 숨은 이야기 | 장원재
- 136 학계의 금기를 찾아서 | 강성민
- 137 미·중·일 새로운 패권전략 | 우수근
- 142 크리스마스 | 이영제
- 160 지중해학 | 박상진
- 161 동북아시아 비핵지대 | 이삼성 외
- 186 일본의 정체성 | 김필동 eBook
- 190 한국과 일본 | 하우봉 eBook
- 217 문화콘텐츠란 무엇인가 | 최연구 eBook
- 222 자살 | 이진홍 eBook
- 223 성 억압과 진보의 역사 | 윤가현 eBook
- 224 아파트의 문화사 | 박철수 eBook
- 227 한국 축구 발전사 | 김성원 eBook
- 228 월드컵의 위대한 전설들 | 서준형
- 229 월드컵의 강국들 | 심재희
- 231 일본의 이중권력, 쇼군과 천황 | 다카시로 고이치
- 235 20대의 정체성 | 정성호 eBook
- 236 중년의 사회학 | 정성호 eBook
- 237 인권 | 차병직 eBook
- 238 헌법재판 이야기 | 오호택 eBook
- 248 탈식민주의에 대한 성찰 | 박종성 eBook
- 261 노블레스 오블리주 | 예종석
- 262 미국인의 탄생 | 김진웅
- 279 한국인의 관계심리학 | 권수영
- 282 사르트르와 보부아르의 계약결혼 | 변광배
- 284 동유럽의 민족 분쟁 | 김철민
- 288 한미 FTA 후 직업의 미래 | 김준수 eBook
- 299 이케다 하야토 | 권혁기 eBook
- 300 박정희 | 김성진 eBook
- 301 리콴유 | 김성진 eBook
- 302 덩샤오핑 | 박형기 eBook
- 303 마거릿 대처 | 박동운 eBook
- 304 로널드 레이건 | 김형곤 eBook
- 305 셰이크 모하메드 | 최진영
- 306 유엔사무총장 | 김정태 eBook
- 312 글로벌 리더 | 백형찬
- 320 대통령의 탄생 | 조지형
- 321 대통령의 퇴임 이후 | 김형곤
- 322 미국의 대통령 선거 | 윤용희
- 323 프랑스 대통령 이야기 | 최연구
- 328 베이징 | 조창완
- 329 상하이 | 김윤희
- 330 홍콩 | 유영하
- 331 중화경제의 리더들 | 박형기
- 332 중국의 엘리트 | 주장환
- 333 중국의 소수민족 | 정재남
- 334 중국을 이해하는 9가지 관점 | 우수근
- 344 보수와 진보의 정신분석 | 김용신
- 345 저작권 | 김기태
- 357 미국의 총기 문화 | 손영호
- 358 표트르 대제 | 박지배
- 359 조지 워싱턴 | 김형곤
- 360 나폴레옹 | 서정복
- 361 비스마르크 | 김장수
- 362 모택동 | 김승일
- 363 러시아의 정체성 | 기연수
- 364 너는 사방 위험한 로봇이다 | 오은
- 365 발레리나를 꿈꾼 로봇 | 김선혁
- 366 로봇 선생님 가라사대 | 안동근
- 367 로봇 디자인의 숨겨진 규칙 | 구신애
- 368 로봇을 향한 열정, 일본 애니메이션 | 안병욱
- 378 데킬라 이야기 | 최명호
- 380 기후변화 이야기 | 이유진 eBook
- 385 이슬람 율법 | 공일주
- 390 법원 이야기 | 오호택
- 391 명예훼손이란 무엇인가 | 안상운
- 392 사법권의 독립 | 조지형
- 393 피해자학 강의 | 장규원 eBook
- 394 정보공개란 무엇인가 | 안상운 eBook
- 396 치명적인 금융위기, 왜 유독 대한민국인가 | 오형규 eBook
- 397 지방자치단체, 돈이 새고 있다 | 최인욱
- 398 스마트 위험사회가 온다 | 민경식 eBook
- 399 한반도 대재난, 대책은 있는가 | 이정직
- 400 불안사회 대한민국, 복지가 해답인가 | 신광영
- 401 21세기 대한민국 대외전략: 낭만적 평화란 없다 | 김기수
- 402 보이지 않는 위협, 종북주의 | 류현수
- 403 우리 헌법 이야기 | 오호택
- 405 문화생활과 문화주택 | 김용범
- 406 미래 주거의 대안 | 김세용·이재준
- 407 개방과 폐쇄의 딜레마, 북한의 이중적 경제 | 남성욱·정유석 eBook
- 408 연극과 영화를 통해 본 북한사회 | 민병욱 eBook
- 409 먹기 위한 개방, 살기 위한 핵외교 | 김계동 eBook
- 410 북한 정권 붕괴 가능성과 대비 | 전경주
- 411 북한을 움직이는 힘, 군부의 패권경쟁 | 이영훈
- 412 인민의 천국에서 벌어지는 인권유린 | 허만호 eBook
- 428 역사로 본 중국음식 | 신계숙 eBook
- 429 일본요리의 역사 | 박병학 eBook
- 430 한국의 음식문화 | 도현신 eBook
- 431 프랑스 음식문화 | 민혜련 eBook
- 438 개헌 이야기 | 오호택
- 443 국제 난민 이야기 | 김철민
- 447 브랜드를 알면 자동차가 보인다 | 김홍식 eBook
- 473 NLL을 말하다 | 이상철 eBook

(주)살림출판사

www.sallimbooks.com
주소 경기도 파주시 문발동 522-1 | 전화 031-955-1350 | 팩스 031-955-1355